はじめてなのに現地味

おうちタイごはん

味澤ペンシー

主婦の友社

JN048545

❁ はじめに ❁

　私が料理の道に進んだのは、料理上手で明るくて、いつも私たち家族のために腕をふるってくれる大好きな母の存在があったから。母のようになりたくて、タイ南部の小さな村からバンコクの料理学校に進み、縁があって日本でタイ料理店の料理顧問になり、気づけば約30年もたっていました。来日当時、日本ではタイ料理＝激辛、という印象が先行していましたが、今では「こんなにタイ料理好きな人が多い国はないのでは？」と思うほど、レストランやコンビニ、スーパーなど、あらゆる場所でタイ料理を目にするようになり、うれしい気持ちでいっぱいです。

　そんな今だからこそ、タイの"いつものごはん"の魅力を日本の皆さんに知ってもらえれば、との思いからこの本を作りました。毎日の朝ごはんや屋台のおかず、母から教わった料理まで、紹介しているのはいつも身近にあったものばかり。さらに、日々進化するバンコクで流行になっている料理もとり入れることで、今までにない"タイのリアル"を詰め込んだ一冊になったと思います。

　タイ料理の基本は「辛み、甘み、酸味」のバランスをととのえること。単調な味を好まないタイ人は、いろいろな味わいが重なり合い、絶妙なバランスでととのったときに初めて「アロイ（おいしい）」と感じます。レシピを見ると「砂糖が多い？」「これ辛くないの？」などと感じることもあるかもしれませんが、食べてみるとバランスがとれているのがタイ料理の不思議なところ。それでも、もし料理中に不安を感じたら、「マイペンライ」という言葉を思い出してみて。いろんな意味がありますが、「問題ない」「大丈夫」など、ものごとをポジティブにとらえるときにタイ人がよく使う言葉です。

　まずはレシピどおりに、慣れたら自分好みの味わいで。この本を参考にタイ料理作りを自由に、マイペンライの精神で楽しんでいただけたらうれしいです。

2023年　夏
味澤ペンシー

1章

意外と簡単、1皿で満足
定番タイごはん

◎ ガパオ炒めがなくちゃ、
タイ料理は始まらない!

◎ "カオマンガイの鶏肉は薄く" が現地流

◈ 2章 ◈

ごはんにもお酒にも合う

屋台のおかず

この本の使い方

◆ 野菜は「洗う」「皮をむく」の作業をすませてからの手順を記しています。

◆ 小さじ1 = 5㎖、大さじ1 = 15㎖、1カップ= 200㎖です。

◆ 火かげんはとくに指定のない限り中火です。

◆ 米は180㎖ = 1合です。

◆ フライパンは原則としてフッ素樹脂加工のものを使用しています。

◆ サラダ油は米油、なたね油などくせのない油ならどれでも代用可能です。

◆ 食材の重量が併記されている場合、数は目安です。

料理名表記について

◆ 本書で表記しているタイ語のカタカナ読みは、タイ語発音から離れない程度に日本語で読みやすいように表記したものです。

これさえ押さえれば、
たちまちタイ現地味！

より現地の味に近づけるために、知っておくと便利な
タイ料理の基本知識を集めました。料理を始める前に
読んでおけば、ぐっと本格的な仕上がりに。

タイ料理は香りが命！
とうがらし、にんにくは
まず "つぶす" が基本です

タイ料理では、にんにくやとうがらしは包丁の腹で軽くたたいてつぶしてから切るのが基本。こうしてから炒めることで香りがぐんと立ちやすくなるため、仕上がりに格段の差が出ます。また、レシピ内にある「つぶしにんにく」「つぶしとうがらし」は、基本的にクロック（p.110・写真 ）で、みじん切りサイズにつぶしたもののこと。ない場合はフードプロセッサーで。それもない場合は、下記のように包丁でみじん切りにすればOK。香りはタイ料理にとって大切な要素なので、必ずこの基本を忘れずに。

「にんにくのみじん切り」を作るときは、にんにくをつぶしてから。とうがらしをみじん切りにする場合も、同様にたたいてから。

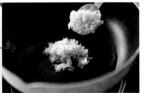

「つぶしにんにく」はこれくらいのこまかさを目安に。「つぶしとうがらし」のこまかさも同じくらいに。

とうがらしなどの香味野菜やスパイスも、先に炒めて香りをしっかりと立てます。

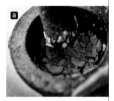

にんにく、とうがらし、パクチーの根、こしょうなど、香りが出るものはクロックでつぶしてから使います。

タイ米の香りがあれば料理がよりおいしくなる！

この本に記載の「米」「もち米」は、すべてタイの米を使用しています。日本米でも代用はできますが、どれもタイ米の香りや食感に合わせていちばんおいしいバランスで作っているので、できればタイ米を使ってみて。タイ米はアジア系スーパーやネット販売で購入できます。

タイ米
日本で購入できるタイ米は、基本的にジャスミン米と呼ばれるもの。香りがよく、ふっくらとした食感が特徴です。

もち米
甘みとやわらかな食感がたまらない、タイのもち米。辛くて味の濃い、イサーン料理との相性はばつぐん！

レモンを上手にしぼれる
タイの知恵

柑橘類をしぼるとき、果肉にフォークやれんげをぎゅっぎゅっとあててそぐようにすれば、果肉を残さず、無駄なくきれいにしぼることができます。ぜひまねしたいタイ式テクニックのひとつです。

"現地味" を目指すなら
ぜひそろえたい調味料4選

炒めもの、煮もの、スープなど、さまざまな料理に使われるのが、この4本。レシピ内では代用も紹介していますが、日本の調味料を加えると多少味は変わってしまうので、ナンプラーの次はぜひこの4本を。日本でも数百円で購入できます。

＊各調味料の詳しい紹介は（p.10）へ。

シーユーダム
どろりとした質感と色の濃さ、甘みが特徴。おいしそうな濃い色に仕上がるのも大切なポイント。

シーユーカオ
さらさらとしたしょうゆのような色と質感。炒めると立ち上る、独特の香ばしい香りは唯一無二。

シーズニングソース
ナンプラーと並んでタイの食卓には欠かせない。少し加えることで、スープも炒めものも、味わい深く。

タオチオ
空芯菜炒めやカオマンガイのたれなど、日本人が大好きな料理の必須調味料。みそのような濃い風味。

右手にスプーン、左手にフォークが
タイのマナー

食事をするときは、右手にスプーン、左手にフォークを持って。左手のフォークで食べものをスプーンに集めて、口に運ぶのが基本のスタイル。食べものにかぶりつくのはマナー違反。大きいものは、右手のスプーンをナイフがわりにして一口大に切ってから食べます。

余ったハーブは
冷凍保存も可能！

レモングラス、バイマックルー、カー、プリックソット（すべてp.11）は、ラップでしっかりと包み、ジッパーつき保存袋に入れれば、冷凍で約1カ月保存が可能。スーパーや道の駅などでまとめ売りをしていたら、迷わず購入を。

もっと知りたい **タイ食材ガイド**

タイ料理によく使われる食材と調味料を集めました。日本の食材で代用できるものもあるけれど、あればさらに現地味に！　どれもアジア食材系のスーパーやネットで購入できるので探してみて。おすすめのおきかえ食材がある場合はそれを記載しています。

◉ 調味料など

ナンプラー

塩漬けにした小魚を発酵させて造る魚醤。この香りと塩けがないと、タイ料理作りは始まりません。日本人にとってのしょうゆと同様、必要不可欠な存在。

ココナッツミルク

まろやかなこくと甘い香りが、料理やデザートの重要なアクセントに。それ自体に甘みはないので、デザートに使う場合は砂糖を加えて使います。

ココナッツシュガー

濃厚な香りと甘さがあり、料理にタイらしいこくを加えてくれます。この本ではきび糖とおきかえ可能にしています。ペースト状のほか、固形タイプもあり。

シーユーカオ

大豆から造られる、タイのしょうゆ。シーユーはしょうゆ、カオは白という意味。そのまま食材にかけて食べることはなく、加熱調理に使われます。

シーユーダム

大豆を原料に、糖蜜を加えて造るタイの甘口しょうゆ。ダムは黒という意味で、甘さやこくを出すほか、料理に黒っぽい色をつけるという役割も。

タオチオ

原料は大豆。塩けの強いとろりとしたソースで、「タイのみそ」と紹介されることも。青菜炒めに加えると、中国系タイ料理らしい味わいになります。

シーズニングソース

大豆を原料とした、濃厚な味と香りの調味料。スープや炒めもののほか、卵料理によく使われます。普通の目玉焼きも、これをかければタイの味に。

チリインオイル

タイ語名はナムプリックパオ。酸味、辛さ、甘みを兼ね備えた、オイル系調味料。うわずみ油だけを使うこともあり、それだけを集めた瓶詰めも。

タマリンドペースト

タマリンドの実を水でといてペースト状にしたもの。フルーティーな酸味と甘さがあり、タイでは料理からお菓子まで幅広く使われています。

ガピ

シュリンプペースト。小えび（あみ）を塩漬けにして造る発酵調味料。独特の香りとこく、うまみがあり、スープやカレーなど、多くの料理に使われます。

◉ハーブ、野菜など

パクチー

香菜。タイ料理ではパクチーの根を食材として使うことも多いので、買うなら根つきのものを。葉、茎、根の順に香りが強くなっていきます。

ガパオ

ホーリーバジル。香りが強く、肉や魚の炒めものとの相性がいい。ネット販売では生のほか、冷凍も販売しているので、ガパオ炒めを作るときは、ぜひ用意して。

ホーラパー

タイのスイートバジル。イタリアンバジルに比べると葉が厚く、清涼感も香りも強め。カレーや炒めもの、蒸しものに加えると爽やかな味わいに。

サラネー

タイ料理には、おもにこのスペアミントを使用。肉や魚のくさみを消して、料理に清涼感をプラスしてくれます。火を通すと葉が黒くなるので注意を。

レモングラス

レモンのような爽やかな香りのハーブ。スープなどに入れるほか、薄切りにして生食することも多く、おもに根元から茎にかけてのやわらかい部分を使用。

バイマックルー

こぶみかんの葉。タイ料理には欠かせない、柑橘系の香りのハーブ。煮込んで香りを出すほか、せん切りにして生食することも。

カー

日本語名はナンキョウ。しょうがをさらに辛く、渋くしたような味わいが特徴で、スープやカレーペーストなどに使われます。

ホムデーン

赤わけぎ。玉ねぎより香りが強く、甘みは少なめ。サラダやスープ、ペーストなど、使用範囲が広い。この本では紫玉ねぎとおきかえ可能にしています。

カナー

カイラン菜。茎がかたくこりっとした食感が特徴。中国系タイ料理でよく使われる野菜のひとつです。この本では小松菜とおきかえ可能にしています。

プリックヘン

乾燥とうがらし。生とは香りが違うので、タイでは料理に合わせて使い分ける。チリパウダー（p.25）の材料にも使用。ない場合、乾燥とうがらしで代用可。

プリックソット

生のとうがらし。タイ食材店などで購入可。日本のものより辛みが強いので、最初は入れすぎないよう注意。ない場合、日本の生のとうがらしで代用しても。

ふくろたけ

香りにくせがなく、火を通すとぷりっと弾力のある食感になるのが特徴のきのこ。日本では水煮の缶詰を使用。この本ではエリンギとおきかえ可能にしています。

1章

意外と簡単、1皿で満足
定番タイごはん

タイ料理を家で作る、ってちょっとハードルが高い
気がするかもしれませんが、そんなことはありません。
ガパオ炒め、パッタイ、カオマンガイなど、
タイ語で「アハーンジャーンディアオ」と
呼ばれる一皿料理には、工程がシンプルで
時間をかけずに作れるものも多いので
まずは気軽にチャレンジしてみて。
予定のない日の休日ランチは
自宅でタイ屋台気分、なんていかがですか。

ガパオ炒めがなくちゃ、タイ料理は始まらない！

さっと作れるタイ料理の代表といえばこれ。「ガパオ」はタイのバジルのことなので、
必ずバジルを入れることと、スパイシーに仕上げることが、現地の味に近づけるコツ。
肉でもカレー（魚介）でも、なんだっておいしくする、懐の深い料理です。

材料　2人分

鶏ひき肉（あればあらびき）… 200g

ガパオ（またはイタリアンバジル）… 8g

ピーマン … 1/3 個（15g）

赤ピーマン … 1/3 個（15g）

にんにくのみじん切り … 2かけ

とうがらしのみじん切り … 2本

カイダーオ（右記参照）… 2個

A ナンプラー … 小さじ 1/2
オイスターソース … 小さじ 2
シーユーカオ* … 小さじ 1
シーユーダム* … 小さじ 1
シーズニングソース* … 小さじ 1
砂糖 … 小さじ 1
水 … 大さじ 2

サラダ油 … 大さじ 2

あたたかいごはん … 適量

*シーユーカオとシーズニングソースがない場
合、オイスターソースを大さじ1に増やす。シー
ユーダムは、なければ入れなくてもOK。

多めの油でカリッと仕上げる主役級の目玉焼き。

カイダーオ
（目玉焼き）

材料　2個分

卵 … 2個

サラダ油 … 1/4 カップ

作り方

フライパンに油を熱し、卵1個
を割り入れる。白身のまわりが
カリッと茶色く色づいたらとり出
す。もう1個も同様に焼く。

＊黄身をかためにしたいときは、お玉
で黄身に油をかけながら焼いて。

そのままのせたり
切って具にしたり大活躍です！

作り方

1　ピーマンは縦1cm幅に切る。Aはまぜ合わせる。

2　フライパンに油、にんにく、とうがらしを入れて火に
かけ、香りが立ったらひき肉を加えて炒める。ひき肉
の色が変わったら、Aを加えて炒める。

3　汁けがほぼなくなったらピーマンを加えて炒め合わ
せ、ガパオを加えてさっとまぜ合わせる。

4　器にごはんを盛り、3とカイダーオをのせる。好みで
プリックナンプラー（p.16）を添えても。

MEMO

ガパオ

爽やかな香りが特徴のタイのホーリー
バジル。タイ食材を扱う店なら、生や
冷凍で買えますよ。イタリアンバジルで
代用もできますが、香りは違います。

チキンのガパオ炒め

パットガパオガイ

ผัดกะเพราไก่

何を食べるか迷ったら、「とりあえずガパオ」がタイ人の合言葉。
早い、安い、うまい、の三拍子がそろった、
タイの国民的料理をまずはマスター！

シーフードのガパオ炒め
パットガパオタレー
ผัดกะเพราทะเล

ガパオの爽やかな香りは、シーフードとも好相性。
魚介のときは、少しだけ塩けを強めにすると、味がしまりますよ。

材料　2人分

えび … 4尾
やりいか … 1ぱい（140g）
玉ねぎ … 1/8 個（40g）
さやいんげん … 7本（40g）
赤ピーマン … 1/3 個（15g）
ガパオ（またはイタリアンバジル） … 8g
にんにくのみじん切り … 1かけ
とうがらしのみじん切り … 2本
あたたかいごはん … 適量

A ナンプラー … 小さじ1
　 オイスターソース … 小さじ2
　 シーユーカオ＊ … 小さじ1
　 シーユーダム＊ … 小さじ 1/2
　 シーズニングソース＊ … 小さじ1
　 砂糖 … 小さじ 1/2
└ 水 … 大さじ1

サラダ油 … 大さじ2

＊シーユーカオとシーズニングソースがない場
合、オイスターソースを小さじ1に増やす。シ
ーユーダムは、なければ入れなくてもOK。

（MEMO）
プリックナンプラー
料理に塩けや辛さを加えたいときに使う卓上調味
料。ナンプラー小さじ2に、とうがらしの小口切り1
本、砂糖小さじ 1/2、レモン汁小さじ 1/2 をまぜる。

作り方

1 えびは下処理（p.25）をする。いかは
内臓をとって内側もよく洗い、胴は皮つ
きのまま1cm幅の輪切りにし、足は食べ
やすく切る。玉ねぎはくし形切り、いんげ
んは1cm幅の小口切りにする。ピーマン
は縦1cm幅に切る。Aはまぜ合わせる。

2 フライパンに油とにんにく、とうがらしを
入れて火にかけ、香りが立ったらいんげ
ん、えびの順に加えてさっと炒める。

3 えびの色が変わったらいかを加えて、
油が回ったら玉ねぎ、Aを加える。全体
に色がついたらピーマンを加えて炒め
合わせ、油が回ったらガパオを加えて
さっとまぜ合わせる。

4 器にごはんを盛り、**3**をのせる。好みで
プリックナンプラー（左記参照）を添えて
も。

ガパオチャーハン
カオクルックガパオ
ข้าวคลุกกะเพรา

多めに作ったガパオ炒めを使えば、
あっという間にスパイシーなタイ風チャーハンが完成。
ボリュームアップしたいときはカイダーオ（p.14）をのせても。

材料　1人分

パットガパオガイ（p.14）
　　… でき上がりの半量（100g）
ごはん … 200g
ナンプラー … 小さじ 1
シーユーダム＊ … 小さじ ½
＊シーユーダムがない場合、入れなくてもOK。

作り方

1　フライパンにパットガパオガイを入れて火にか
　　け、全体があたたまったらごはんとナンプラー、
　　シーユーダムを加える。

2　ごはんを軽く押さえながらしっかりと炒め合わ
　　せて、全体に色がよくまざったら火を止める。
　　好みでプリックナンプラー（p.16）を添えても。

"カオマンガイの鶏肉は薄く"が現地流

カオマンガイ
ข้าวมันไก่

カオはごはん、マンは脂、ガイは鶏肉のこと。
鶏のゆで汁で炊いたうまみたっぷりのごはんは
つややかで、味も香りも最高です。

作り方は p.20 を参照

昼夜を問わず、タイ各地で売られている定番料理。ここでは現地の屋台をイメージして、
鶏肉をあえてふっくらとさせず、薄めに仕上げる作り方をご紹介します。
こうすることで、ごはんとたれの味わいもより引き立ち、三位一体のおいしさに。
味違いのチキンを楽しむ2種盛りや3種盛りもタイ屋台ではおなじみなんです。

ゆでた鶏肉は、包丁の腹で押さえるようにたたいて薄く。

鶏のゆで汁、パクチーの根、にんにく、しょうがで香りよく。

ごはんが炊き上がったら、小鉢にぎゅっと詰めて……

パカ！

まん丸ごはんがタイっぽい。

タイのチキンライス
カオマンガイ
ข้าวมันไก่

カオマンガイといえばゆで鶏。
シンプルでみんなが好きな味。

MEMO

タイでは1羽まるごとゆでるのが基本のカオマンガ
イ。少量だとおいしく作るのが難しいので、もも肉2
枚を使いました。たくさん作って、2種、3種のカオ
マンガイ（p.22〜23）などで、多彩に楽しんで。

材料　作りやすい分量（2〜3人分）

鶏もも肉 … 2枚（500g）

米 … 360㎖（2合）

A　パクチーの根 … 1本

　　にんにく … 2かけ

　　しょうがの薄切り … 20g

B　固形スープ … ½ 個

　　シーズニングソース（またはしょうゆ）

　　　… 小さじ ½

　　塩 … 小さじ ½

きゅうり … 1本

カオマンガイのたれ（p.21）… 適量

作り方

1 米は洗ってざるに上げ、10分おく。鶏肉は両面を包丁の先で何カ所か軽く刺して筋切りをする。きゅうりは斜め薄切りにする。パクチーの根は包丁の腹で軽くたたいてつぶす。にんにくは半分に切ってから、包丁の腹で軽くつぶす。

2 鍋に水6カップと塩小さじ½（分量外）を入れて、強火にかける。沸騰したら鶏肉を入れ、再び煮立ったら中火にして、15分ゆでて火を止める。そのまま5分おいてから湯をよくきってバットに入れ、ラップをかけてしっかりと密閉する。ゆで汁はそのまま冷ます。

3 炊飯器に米と**B**、冷めたゆで汁405㎖＊を入れ、**A**をのせて炊く。炊き上がったら**A**をとり除き、軽くまぜる。

4 **2**の鶏肉を3等分に切り、包丁の腹で上からたたいて軽くつぶしてから、1㎝厚さに切る。

5 器に**3**のごはんと**4**の鶏肉を盛りつけ、きゅうりとたれを添える。あればパクチーを飾っても。

＊冷ますと鶏の脂が浮いてくるので、捨てずにゆで汁と一緒にすくって、炊飯器に入れて。この脂がカオマンガイの"マン"＝おいしさのもとになります。

カオマンガイのたれ

材料 作りやすい分量（2〜3人分）

パクチーの茎のみじん切り … 3本
にんにくのみじん切り … 2かけ
しょうがのみじん切り … 30g
とうがらしの小口切り … 2本
レモン汁 … 大さじ1
酢 … 大さじ1
ココナッツシュガー（またはきび糖）… 25g
タオチオ（p.10）… 30g
シーユーカオ … 大さじ1⅓
シーユーダム … 小さじ2

作り方

ボウルにパクチー以外の材料をすべて入れて、よくまぜ合わせる。ココナッツシュガーがとけたらパクチーを加えて、軽くまぜる。

ゆで汁をスープにして飲むのがお約束。

カオマンガイのスープ

材料 2人分

鶏のゆで汁（上記参照）… 2カップ
塩 … 小さじ¼
シーズニングソース（あれば）… 小さじ½
白こしょう … 少々
細ねぎの小口切り … 1本

作り方

鍋に細ねぎ以外の材料を入れて火にかけ、あたたまったら火を止める。器に注ぎ、細ねぎを散らす。好みでパクチーのみじん切りを入れても。

鶏のおいしさを全部のせ！

カオマンガイ屋台の
鉄板アレンジといえば
この2種盛り！☞

ゆで＋揚げ

2種のチキンライス
カオマンガイソーンヤーン
ข้าวมันไก่สองอย่าง

材料と作り方　1人分

基本のカオマンガイ（p.20）と同様に4まで
作る。ガイトート（p.54）の半量を1cm厚さに
切る。器にごはん適量を盛り、ゆで鶏の¼量
とガイトートをのせて、それぞれのたれときゅう
りを添える。あればパクチーを飾っても。

ローカルなカオマンガイ専門店には、ゆで鶏以外にさまざまなタイプの鶏を
用意している人気店も！ 2種、3種と並べれば、自宅でタイの屋台気分。

鶏の下に隠れた
きゅうりと一緒にどうぞ

ゆで + 揚げ + 焼き

3種のチキンライス
カオマンガイサームヤーン
ข้าวมันไก่สามอย่าง

材料と作り方 2～3人分

基本のカオマンガイ（p.20）と同様に**4**まで作る。ガイ
トート（p.54）の全量と、ガイヤーン（p.68）の半量をそ
れぞれ1cm厚さに切る。器にきゅうりを並べて、その上に
カオマンガイのゆで鶏の半量とガイトート、ガイヤーンを
盛り、それぞれのたれ、カオマンガイのごはん適量を添え
る。あればパクチーを飾っても。

タイのえび入り焼きそば

パッタイクンソット
ผัดไทยกุ้งสด

直訳すると「タイを炒める」という意味の
パッタイは、まさにタイを代表する麺料理。
コツさえ押さえれば、本場さながらのもちもち麺に!

材料　2人分

センレック（乾燥。下記参照）… 80g
えび … 4尾
卵 … 1個
厚揚げ … 40g
さくらえび … 大さじ 1
にら … 4本
もやし … 60g
あらびきピーナッツ（下記参照）… 大さじ 1
レモンのくし形切り … 2切れ
チリパウダー（下記参照）… 適量
トマトケチャップ … 大さじ 2
A タマリンドペースト*（p.10）… 大さじ 7
└ ココナッツシュガー（またはきび糖）… 35g
B ナンプラー … 大さじ 1⅔
│ シーズニングソース* … 小さじ 1
└ 酢 … 大さじ 1
サラダ油 … 大さじ 3
＊タマリンドペーストがない場合、酢を大さじ 4 に増やして。
シーズニングソースがなければ、ナンプラーを大さじ 2 弱に。

MEMO
センレック
パッタイに使用するのは、センレックという中
細の米粉麺。汁麺にも使えるので、p.84〜
85 や p.102 の中華麺のかわりにも使える。
手に入らない場合はフォーで代用しても。

作り方

1 センレックは袋の表示どおりに水でもどし、水けをきる。え
びは下記を参照し、下処理をする。厚揚げは 1cm角のさい
の目に切り、にらは 4cm長さに切る。

2 鍋にAを入れて火にかけ、木べらでまぜる。ココナッツシュ
ガーがとけたらBを加えてよくまぜ、煮立ったらケチャップを
加える。軽くまぜ合わせ、再び煮立ってから 2〜3 分で火
を止め、あら熱をとる。

3 フライパンに油と厚揚げを入れて炒め、少し濃いきつね色
になったらいったんとり出す。続けて卵を割り入れてほぐし
ながら軽く炒め、えびを加える。

4 えびの色が変わったら、センレックを加える。全体に油が
回って麺がやわらかくなるまで炒めたら*、弱火にして 2 の
ソースを加え、全体を炒め合わせる。

5 汁けが少なくなったら、**3** の厚揚げとさくらえび、ピーナッツ、
にら、もやしを加えてさっと炒め、にらに油が回ったら火を
止める。

6 器に盛り、チリパウダーとレモン、あらびきピーナッツ小さじ 1
（分量外）を添える。好みで、生のにらともやしを添えて、ま
ぜながら食べても。

＊もちもちの食感に仕上げるには、センレックをしっかりと炒めることが大切。
炒め足りないと、麺がかたくなるので注意して。

えびは尾を残して殻をむき、
背に身の半分くらいまで切り
込みを入れて、背わたをとる。

チリパウダー　（プリックポン）

材料と作り方　作りやすい分量

フライパンにプリックヘン（p.11。または日本の乾燥
とうがらし）10g を入れて、弱火でからいりする。表
面が赤黒くなったらとり出し、あら熱をとる。クロック
（p.110）やすり鉢で、粉状にする。

＊保存瓶に入れて、1 週間保存可。

麺料理はチリパウダーで辛さを加えて、自分好みの味にととのえて
食べるのがタイ式。パッタイは甘みと酸味が強いので、辛さを加え
ることでバランスのよい味わいに。市販のチリパウダーで代用可。

あらびきピーナッツ

材料と作り方　作りやすい分量

フライパンにバターピーナッツ大
さじ 2 を入れて、弱火でからい
りする。表面がところどころ濃い
きつね色になったらとり出し、あ
ら熱をとる。ポリ袋に入れ、めん
棒などであらくつぶす。

＊保存瓶に入れて、1 週間保存可。

ビーフンの豚肉あんかけ

ラートナー センミームー
ราดหน้าเส้นหมี่หมู

香ばしく炒めたビーフンに、
やさしい味わいのあんをたっぷりかけて。
現地では酸味と辛さを足して食べます。

材料　1人分

ビーフン（乾燥）… 50g
豚肉（しょうが焼き用）… 60g
にんじん … 15g
カナー（p.11。または小松菜）
　　… 60g
にんにくのみじん切り … 1かけ
かたくり粉 … 大さじ1⅓
シューダム … 小さじ½
A　オイスターソース … 小さじ1
　　白こしょう … 小さじ¼
　　かたくり粉 … 小さじ½
　　サラダ油 … 小さじ1
　└ 水 … 大さじ1

B　オイスターソース … 小さじ2
　　シーユーカオ（またはしょうゆ）
　　　… 小さじ1
　　シーユーダム … 小さじ¼
　　タオチオ（p.10）… 小さじ1
　　砂糖 … 小さじ1
　└ 水 … 1½ カップ
サラダ油 … 大さじ2

作り方

1　ビーフンは袋の表示どおりに水でもどし、水けをきる。
豚肉は食べやすい大きさに切る。にんじんは5mm厚
さの輪切りにして半分に切る。カナーは8cm長さに
切る。かたくり粉に水大さじ3を合わせてよくまぜる。

2　ボウルにAと豚肉を入れてよくもみ込み、20分おく。

3　フライパンに油大さじ1を入れて火にかけ、ビーフン、
シーユーダム、水大さじ2を加えて炒める。全体に
色がついたら、器に盛る。

4　同じフライパンに油大さじ1とにんにくを入れて火に
かけ、香りが立ったらにんじん、Bを加える。ひと煮
したら、2を加える。

5　豚肉に火が通ったら、1の水どきかたくり粉をまぜ
て回し入れ、全体をさっとまぜる。とろみがついたら、
カナーを加えて軽く火を通す。

6　3にかけ、好みで白こしょう、酢、チリパウダー
（p.25）をかけて食べても。

えびチャーハン
カオパットクン
ข้าวผัดกุ้ง

カオパットはチャーハン、クンはえびのこと。
まったく辛くないので、
タイの子どもたちにも大人気。

材料　2人分

えび … 5尾
ごはん … 300g
卵 … 1個
玉ねぎ … 1/8 個（40g）
ミニトマト … 3個
細ねぎの小口切り … 1本
にんにくのみじん切り … 1かけ
きゅうりの斜め薄切り … 6切れ
レモンのくし形切り … 2切れ
プリックナンプラー（p.16）… 適量

A　ナンプラー … 小さじ2
　　シーズニングソース*
　　　… 小さじ1
　　砂糖 … 小さじ1½
　　塩 … 小さじ¼
　　白こしょう … 小さじ¼
サラダ油 … 大さじ2
＊シーズニングソースがない場
合、ナンプラーを少々足して味を
ととのえる。

作り方

1　えび2尾は下処理（p.25）をする。残り3
　尾は殻をむき、尾と背わたをとって、3等
　分に切る。玉ねぎは1cmの角切り、ミニトマ
　トは縦半分に切る。

2　フライパンに油を入れて火にかけ、にんに
　くを炒める。香りが立ったら卵を割り入れ
　てつぶしながら軽く炒め、えびを加える。え
　びの色が変わったらごはんを加え、さっと
　炒め合わせる。玉ねぎ、A、ミニトマトの順
　に加え、全体をよく炒め合わせる。ソース
　の香りが立ったら細ねぎを加え、さっとま
　ぜる。

3　器に盛り*、きゅうり、レモン、プリックナンプ
　ラーを添える。

　＊尾つきのえび1尾を器の底においてからチャーハン
　を詰めて、皿にぱかっと返すと、きれいな仕上がりに。

◈ **2章** ◈

ごはんにもお酒にも合う
屋台のおかず

炒めものやスープ、カレーから小腹を満たす軽食まで、
屋台街をふらりと歩けば出合える
定番のおかずを集めました。
しっかり味の屋台の名物おかずは、
ごはんもお酒も進むものばかり。
2〜3品作ってテーブルに並べたら、
まずはビールで「チョングーオ（乾杯）」。
辛かったり、すっぱかったり、甘かったり……、
いくつもの味と香りが重なって、口の中で
にぎやかに広がる、タイらしさ全開の味わいです。

あえもの ＝ ヤムは屋台の人気者

辛さと酸味のバランスがなんとも爽やかなタイのあえも
の“ヤム”は、屋台の定番メニュー。おつまみと思われ
がちですが、お酒はもちろんごはんとも合うのでタイで
は定番おかずのひとつです。酸味と辛さのバランスが
絶妙なヤムのたれであえれば、おなじみの食材もあっ
という間にタイの味。どんな食材もおいしくしてくれます。

タイのはるさめサラダ

ヤムウンセン
ยำวุ้นเส้น

すっぱ辛いたれをまとったはるさめが主役の、
日本でもおなじみの料理です。暑い日には冷えたビールとどうぞ。

材料　2人分

はるさめ（乾燥）… 40g

えび … 4尾

豚ひき肉 … 60g

きくらげ（乾燥）… 2〜3枚

紫玉ねぎ … 20g

にんじん … 10g

セロリの葉と茎 … 合わせて10g

細ねぎ … 1本

パクチー … 3本

A にんにくのみじん切り … ½ かけ
　 とうがらしの小口切り … 1〜2本
　 ナンプラー … 大さじ1⅔
　 砂糖 … 大さじ1⅓
　 レモン汁 … 大さじ2⅓

作り方

1 はるさめは水につけてもどし、5cm長さに切る。きくらげは水でもどし、1cm幅に切る。えびは下処理（p.25）をする。Aは大きめのボウルに入れてよくまぜる。

2 紫玉ねぎは薄切り、にんじんはせん切り、セロリの茎は斜め薄切り、葉はざく切りにする。細ねぎ、パクチーは3cm長さに切る。切った野菜は合わせて水に放す。

3 鍋に湯を沸かし、はるさめときくらげを熱湯で1分ほどゆで、網じゃくしなどですくってから湯をしっかりときって1のボウルに入れる。同じ鍋にえびとひき肉を入れて箸でほぐしながらゆで、完全に火が通ったらざるに上げて湯をきり、ボウルに加える。

4 2の水けをしっかりときってから3に加えてざっくりとまぜ合わせる。

ヤムだれを吸った
カリカリの目玉焼きが美味

目玉焼き入りはるさめサラダ

ヤムウンセンカイダーオ
ยำวุ้นเส้นไข่ดาว

材料と作り方　2人分

p.14と同様に目玉焼きを作る。片面がよく焼けたら上下を返して両面をカリッと焼き、黄身までしっかりと火が通ったら一口大に切って、「ヤムウンセン」の3に加えまぜる。目玉焼きを入れる場合はボリュームが出るので、えびなしでも満足感がありますよ。

ハーブたっぷりで
爽やか＆ヘルシー！

32

サーモンのタイ風カルパッチョ

ヤムプラーサーモン
ยำปลาแซลมอน

シーフードのヤムにはチリインオイルで濃厚なこくを足すのが現地流。
レモングラスとミントをきかせて爽やか仕上げに。

材料　1〜2人分

サーモン（刺し身用・さく）… 120g

紫玉ねぎ … 15g

細ねぎ … 1本

レモングラス … 1½ 本

スペアミント … 2g

A　にんにくの薄切り … 1かけ
　　とうがらしの小口切り … 1本
　　ナンプラー … 大さじ 1⅔
　　砂糖 … 小さじ ½
　　レモン汁 … 大さじ 2⅓
　　チリインオイル*（p.10）… 小さじ 2

*チリインオイルがない場合、砂糖少々を足す。

作り方

1 サーモンは1cm角に切る。紫玉ねぎは繊維を断ち切るように薄切りにし、細ねぎは2cm長さに切り、レモングラスはごく薄い小口切りにする。切った野菜とハーブはさっと水にさらし、水けをしっかりきる。

2 ボウルにAを入れてよくまぜ、1を加え軽くまぜ合わせる。

3 スペアミントを加えて軽くまぜたら器に盛り、好みでさらにスペアミントを添える。

〈MEMO〉

レモングラス

レモングラスを生食する場合は、かたくて食感のよくない緑の部分は使わず、白い部分のみをごく薄切りにして使用します。

炒めもの = パットは大胆に作って豪快に盛る

大きな中華鍋を振って強火で仕上げる炒めものは屋台の花形メニュー！ 現地で夜の
屋台街を訪れると、必ずと言っていいほど中華鍋を振る屈強な料理人の姿を目にします。
そんな彼らを見習って、屋台の炒めものはいつもより勢いよく、バーン！と大胆に盛りつけ
てみて。ちょっと雑なくらいが現地っぽい仕上がりにするコツなんです。

材料　2人分

有頭えび … 8 尾（240g）

つぶしにんにく（p.8）… 2 かけ

細ねぎの小口切り … 1 本

フライドガーリック（下記参照）… 全量

A オイスターソース … 小さじ 2

　シーズニングソース（またはしょうゆ）
　　… 小さじ 1

　ナンプラー … 小さじ ½

　砂糖 … 小さじ ½

　あらびき黒こしょう … 小さじ ½

　水 … 大さじ 1

レモン汁 … 小さじ ½

フライドガーリックの油 … 大さじ 4

作り方

1 えびは尾と足を残して頭と身の殻をむき、背中に切り込みを入れて背わたをとる。

2 フライパンにフライドガーリックの油とにんにくを入れて火にかけ、香りが立ったらえびを加え、強火で炒める。

3 えびに完全に火が通ったら**A**を加えて炒め合わせ、レモン汁を加えてさっとまぜたら火を止める。細ねぎとフライドガーリックを加え、全体をざっとまぜる。

フライドガーリック （ガティアムチアオ）

材料　作りやすい分量

つぶしにんにく（p.8）… 8 かけ（50g）

サラダ油 … ½ カップ

作り方

フライパンににんにくと油を入れて弱火にかけ、焦げないように注意しながら炒める。薄いきつね色になったら火を止める。余熱で色が変わらないうちにざるを使ってにんにくと油に分け、それぞれ別の容器に入れる。

＊倍量くらいでまとめて作っておくと便利。ガーリックは冷凍もできる。

えびのにんにくこしょう炒め

クンパットガティアムプリックタイ

กุ้งผัดกระเทียมพริกไทย

えびのみそがおいしさの秘訣なので、必ず有頭えびを使って。
みそのうまみとにんにくの香りたっぷりのソースはごはんにかけて、最後の一滴まで味わいたい。

いかの卵カレー炒め

プラームックパッポンカリー
ปลาหมึกผัดผงกะหรี่

スパイシーなカレー風味の卵が
魚介や肉をマイルドに包み込む炒めもの。
かにを使った「プーパッポンカリー」が有名ですが、
手に入れやすいいかで作っても絶品です。

材料　2人分

いか … 1 ぱい（150g）

にんじんの輪切り（5mm厚さ）
　　… 2 切れ（15g）

セロリの葉と茎 … 合わせて 25g

玉ねぎ … ⅙個（50g）

ピーマン … ½ 個（20g）

赤ピーマン … ½ 個（25g）

にんにくのみじん切り … 1 かけ

しょうが … 5g

A　カレー粉 … 小さじ 1
　　ターメリック … 小さじ ½
　　かたくり粉 … 小さじ ½
　　水 … 大さじ 1

B　チリインオイル*（p.10）… 大さじ 1
　　オイスターソース … 小さじ 2
　　シーユーカオ（またはしょうゆ）… 小さじ 1
　　シーズニングソース* … 小さじ 1
　　砂糖 … 小さじ 1

C　卵 … 2 個
　　牛乳 … 大さじ 4
　　ココナッツミルク … 大さじ 2
　　チリインオイルのうわずみ油*
　　　… 大さじ 2

小麦粉 … 大さじ 1

サラダ油 … 大さじ 4⅓

＊チリインオイルとうわずみ油、シーズニング
ソースがない場合、しょうゆを小さじ 1 加え
る。ただし黄色っぽい仕上がりになります。

食感が感じられるよう、
野菜は大きめに切って。

作り方

1　いかは内臓を引き抜き内側もよく洗い、胴は皮つきのまま1cm幅の輪切りにし、足は食べやすく切る。にんじんは 4 等分に切る。セロリの茎は1cm厚さの斜め切り、葉は1cm長さに切り、玉ねぎは大きめの乱切りにする。ピーマンは斜めに 4 等分、しょうがはせん切りにしてから1cm長さに切る。

2　いかに小麦粉をまぶし、油大さじ 2 を熱したフライパンで揚げ焼きにして、軽く火が通ったらとり出す。同じフライパンに油大さじ 1 を加えて、にんじんを炒める。油が回ったらセロリの茎、玉ねぎを加えて炒め、全体に油が回ったらいったんとり出す。油小さじ 1 を加え、ピーマンを炒め、油が回ったら同様にとり出す。

3　ボウルにAを入れてよくまぜ、Bを加えてまぜ合わせる。Cを別のボウルに入れてときまぜたら、Aのボウルに加え、全体をよくまぜ合わせる。

4　**2**のフライパンに油小さじ 1 とにんにく、しょうがを入れて炒め、香りが立ったらとり出した**2**を戻し入れて炒め、しっかりとあたたまったら**3**を一度に加えて炒め合わせる。とろりとしてきたらセロリの葉を加え、軽くまぜて火を止める。

卵液を一気に加えて、

卵がポロポロにならないうちに
手早く炒めます。

空芯菜炒め
パットパックブン
ผัดผักบุ้ง

空芯菜は生でも食べられる野菜なので、
強火でさっと炒める程度に火を入れるイメージで。
パリパリとした食感を楽しみます。

材料　2人分

空芯菜 … 1束（100g）
赤ピーマン … ¼ 個
にんにくのみじん切り … 1かけ
とうがらし … 1本
A　オイスターソース … 小さじ 1
　　タオチオ*（p.10）… 小さじ ½
　　シーズニングソース* … 小さじ ½
　　砂糖 … 小さじ ¼
　　白こしょう … 小さじ ¼
　　水 … 大さじ 2
サラダ油 … 大さじ 2
＊タオチオとシーズニングソースがない場合、オイスター
ソースを小さじ 2 に増やし、しょうゆを小さじ 1 弱加える。

作り方

1　空芯菜は葉と茎に分け、茎は 8cm 長さの斜め切りにする。葉は長ければ半分に切る。赤ピーマンは細切り、とうがらしは斜めに 3 等分に切る。A はまぜる。

2　大きめのボウルに空芯菜を入れて葉と茎がバランスよくなるようにざっとまぜ、赤ピーマン、とうがらし、A を入れる。

3　フライパンに油とにんにくを入れて強火にかける。香りが立ったら 2 を一度に加えて手早く炒め、葉がしんなりとしたら火を止める。

MEMO　ボウルに入れた空芯菜の葉と茎がバランスよくばらけていることと、炒めすぎないことがおいしく作るポイント。火を止めたらすぐに器に盛って、できたてを食べて！

オクラのにんにくとうがらし炒め
ガチアップパットプリックガティアム
กระเจี๊ยบผัดพริกกระเทียม

にんにくととうがらしで炒めれば、
オクラもあっという間にタイの味！おつまみでも、
一皿料理の副菜としても万能です。

材料　1〜2人分

オクラ … 8本

にんにくのみじん切り … 3かけ

とうがらし … 2〜3本

A　オイスターソース … 小さじ1

　　シーユーカオ（またはしょうゆ）… 小さじ ½

　　シーズニングソース* … 小さじ ½

　　砂糖 … 小さじ ¼

　　白こしょう … 小さじ ¼

　　水 … 大さじ3

サラダ油 … 大さじ2

＊シーズニングソースがない場合、入れなくてOK。

作り方

1　鍋に湯を沸かしてオクラを入れ、色が変わったら冷水にとって斜め半分に切る。とうがらしは斜めに3等分に切る。

2　フライパンに油とにんにく、とうがらしを入れて火にかけ、香りが立ったらAを加えて炒める。

3　ふつふつとしてきたらオクラを加え、さっと炒め合わせる。

キャベツのナンプラー炒め
ガランプリートートナンプラー
กะหล่ำปลีทอดน้ำปลา

キャベツを強火で熱した油に通していったんとり出し、
その後手早く調味料をからめることで、
食感と甘みを引き立たせるのがタイ式。
手でちぎるのも、味をなじませるコツなんです。

材料　2人分

キャベツ … ⅙個（200g）
にんにくのみじん切り … 2かけ
A　オイスターソース … 小さじ1
　│　ナンプラー … 小さじ1
　└　白こしょう … 小さじ¼
サラダ油 … ¼カップ

作り方

1 キャベツは手で一口大にちぎる。

2 フライパンに油とにんにくを入れて火にかけ、焦がさないように注意
しながら炒め、きつね色になったら網じゃくしなどでとり出す。続けて
フライパンを強火にかけてキャベツを広げ、さっと炒めて全体に油が
回るように油通しをし、いったんざるに上げる。

3 中火に戻してキャベツを戻し入れてAを加え、さっと味をからめたら
火を止める。器に盛り、**2**のにんにくを振りかける。

ブロッコリーの塩漬け魚炒め
パットブロッコリープラーケム
ผัดบล็อคโคลี่ปลาเค็ม

塩漬け魚のうまみが野菜の甘みをきわ立たせて、
ナンプラーとはまた違うタイテイストを楽しめます。
カリフラワーで作るのもおすすめ。

材料　1〜2人分

ブロッコリー … ½ 個 (100g)
アンチョビー … 10g
にんにくのみじん切り … 2 かけ
とうがらしの小口切り … 1 本
A　オイスターソース … 小さじ 1
　　砂糖 … 小さじ ¼
　　水 … 大さじ 1
サラダ油 … 大さじ 2

作り方

1　ブロッコリーは小房に分ける。鍋に湯を沸かしてブロッコリーを入れ、再び沸騰したらざるに上げて湯をよくきる。

2　フライパンに油を入れて火にかけ、にんにく、とうがらし、アンチョビーを加えて炒める。

3　香りがしっかりと立ってにんにくが薄いきつね色になったら、ブロッコリーを加えて炒め合わせる。Aを加え、アンチョビーがこまかくくずれて、全体があたたまったら火を止める。

＊ブロッコリーを加えるとき、フライパンの水分が少ないようなら水大さじ1を足す。

MEMO　**プラーケム**
「プラーケム」とは塩漬けにして干した魚のこと。タイでは料理に塩けとうまみを足すために使われます。日本では手に入りにくいので、アンチョビーを使って。

煮ものやカレー ＝ トムやゲーン、大好きな人気料理に夢中！

煮ものやスープ、カレーなど、食卓の主役になる屋台料理を集めました。ハーブたっぷりでスパイシーなカレーから、日本ではあまり知られていない中華風煮込みまで、バラエティー豊かで奥深いタイ料理の世界を堪能して。

チキングリーンカレー

ゲーンキアオワーンガイ
แกงเขียวหวานไก่

タイ語で「緑の甘いカレー」と呼ばれるグリーンカレー。
ハーブの香りととうがらしの辛さの中に、しっかりと甘さもきかせるのが現地流です。

材料　2人分

鶏もも肉 … 180g

なす … 2個

ピーマン … ¼個

赤ピーマン … ¼個

バイマックルー（あれば。p.11）… 3〜4枚

ホーラパー（あれば。p.11）… 10枚

グリーンカレーペースト … 50g

ココナッツミルク … 1カップ

A　ナンプラー … 大さじ1
└　ココナッツシュガー（またはきび糖）… 12g

サラダ油 … 大さじ2

作り方

1 鶏肉は一口大に切る。なすは皮をところどころ縞目にむいて一口大に切り、塩水（塩小さじ½、水2カップ・分量外）につける。ピーマンは1cm幅に切る。

2 鍋に油とペーストを入れて炒める。香りが立ったら水¼カップを加えて炒め合わせ、ふつふつと黄緑色の油が浮いたら、鶏肉を加える。

3 鶏肉にあまりさわらないように火を通し、表面が白っぽくなったら水½カップを加える。しっかり火が通ったらなす、ココナッツミルク、A、バイマックルーを順に加え、強火で煮る。

4 煮立ったら中火に戻し、なすがやわらかくなったら、ピーマン、ホーラパーを加えてさっとまぜる。好みで塩を加えて味をととのえる。

●ペースト 基本の使い方

MEMO

グリーンカレーペースト

タイの青とうがらしが使われているので、かなり辛め。塩けも強いので、砂糖を加えて味のバランスをとるのが基本です。

カレーの表面に油が浮いているのがおいしいタイカレーの条件。そのためには、ペーストに水を加えたら黄緑色の油がふつふつと表面に浮いてくるまで、あせらずに待つことが大切。また、鶏肉を加えたらあまりまぜず、静かに火を通すことで、より色鮮やかで、きれいに油が浮いた仕上がりになります。

ピーマンの肉詰めレッドカレーソースがけ

チューチー プリックユワックヤッサイ
ฉู่ฉี่พริกหยวกยัดไส้

肉や魚にレッドカレーソースをかけた「チューチー」は、定番タイカレーのひとつ。
タイの肉詰めは「プリックユワック」という辛みのない
大きなとうがらしを使いますが、ピーマンで代用しました。

お弁当のおかずにすれば
いつもとちょっと違う
タイ風弁当に
☞

材料　2人分

豚ひき肉 … 100g

ピーマン … 2個

バイマックルー（あれば。p.11）… 3枚

レッドカレーペースト … 大さじ1

ココナッツミルク … ½カップ

ナンプラー … 小さじ2

ココナッツシュガー（またはきび糖）… 小さじ1弱

A　にんにくのみじん切り … 1かけ

　　オイスターソース … 小さじ1

　　シーズニングソース（またはしょうゆ）… 小さじ½

　　白こしょう … 小さじ¼

　　かたくり粉 … 小さじ½

　└　水 … 大さじ1

サラダ油 … 大さじ1

作り方

1　ピーマンは縦半分に切り、バイマックルーは芯をとってから細めのせん切りにする。

2　ボウルにひき肉とAを入れて手でよくまぜ、ねばりが出たら4等分する。ピーマンの内側に小麦粉（適量・分量外）を振り、それぞれに肉だねを詰める。

3　フライパンに油を入れて弱火にかけ、肉の面を下にして焼く。焼き色がついたら上下を返して中まで火を通し、器に盛る。

4　同じフライパンにペーストを入れて炒める。香りが立ったら水30㎖を加えて炒め合わせ、ふつふつと油が浮いてきたら、水20㎖を加えてよくまぜる。

5　煮立ったらココナッツミルク、ナンプラー、ココナッツシュガーを加えて炒め、再び煮立ったらバイマックルーを加えて1〜2分煮る。**3**にかけ、好みでココナッツミルクとバイマックルーのせん切りを飾る。

＊ **4**でペーストを入れるとき、フライパンには油分が大さじ2ほど残っているのが理想。足りなければサラダ油を足して。

材料　2人分

有頭えび … 4尾（120g）

ふくろたけ（またはエリンギ*）… 4個

ミニトマト … 2個

細ねぎ … 1本

パクチー … 1本

レモン汁 … 大さじ2

A　レモングラス … 2本（20g）

　　カー … 15g

　　バイマックルー … 4〜5枚

　　ホムデーン（p.11。または紫玉ねぎのスライス）
　　　… 2個（10g）

　　鶏ガラスープ*（p.103）… 2カップ

B　とうがらしの斜め薄切り … 2本

　　ナンプラー … 大さじ1

　　砂糖 … 小さじ1

C　ココナッツミルク … 大さじ2

　　チリインオイル*（p.10）… 大さじ1

　　チリインオイルのうわずみ油* … 小さじ1

*エリンギを使う場合、縦半分に切ってから長さを半分
に切る。

*鶏ガラスープは固形スープをといたものでもOK。その
場合、ナンプラーの量を少し減らして塩けの調整を。

*チリインオイルとうわずみ油がない場合、入れなくても
OK。そのときはココナッツミルクも入れず、澄んだ色合い
のトムヤムクン（タイ語で「トムヤムクンナムサイ」）に仕上
げるのがおすすめ。

作り方

1 えびは尾と足を残して頭と身の殻をむき、背
中に切り込みを入れて背わたをとる。ふくろ
たけとミニトマトは縦半分に切る。細ねぎは
小口切り、パクチーは1cm長さに切る。レモン
グラスは縦半分に切り込みを入れてから斜
め薄切りに、カーは薄切りにする。バイマック
ルーは芯をとって、手で4等分にちぎる。ホム
デーンは包丁の腹でたたいて軽くつぶす。

2 鍋にAの材料を入れて強火にかけ、煮立っ
たら中火にし、3〜4分煮る。ふくろたけとミ
ニトマトを加え、煮くずれしてきたらえびを加
え、強めの中火にする。

3 えびに火が通ったら中火に戻し、Bを加えて
まぜる。火を止め、Cを加えてよくまぜ、レモ
ン汁と細ねぎ、パクチーを加えてさっとまぜ
る。

*えびは頭の殻をとることでみそが出やすくなります。味
をみて酸味が足りなければ、好みでレモン汁を足しても。

バイマックルー
縦半分に折って、中心の
太い芯をすっと引くときれ
いに半分に切れます。あ
とは手でちぎればOK。

レモングラス
外側の皮を1枚がした
ら根元を切り落とし、縦半
分に切り込みを入れてから
斜め切りにすると香りが
立ちやすくなります。緑の部
分は香りが薄いので、白っ
ぽい部分のみを使って。

左記の2つのハーブとカー（写
真中央・p.11）は、トムヤムクン
に欠かせません。最近では
スーパーやネット販売で「トム
ヤムクンセット」として売られて
いることも。スープに入れる場
合、3つとも具ではなく"だし"
の扱いなので、基本的には食
べません。

ペーストを使うときは？

表示どおりに作ればOK。もしあれば、
ペーストを入れるときにレモングラスや
バイマックルーなどのハーブも一緒に
加えると、さらに本格的な味わいに！

トムヤムペースト
ハーブ類やとうがらしなど、トム
ヤムの原料がバランスよく配合
されているので、材料がそろわ
ないときや時間がないときに
便利。ペースト状なので、スー
プのほか、炒めものなどにも。

えびのすっぱ辛いスープ

トムヤムクン
ต้มยำกุ้ง

たっぷり入ったハーブの香りとえびのうまみを存分に楽しめる、
タイでも日本でも大人気のスープ。
えびのみそが味わいの決め手になるので、有頭えびを使って。

ゆで豚のレモンソースがけ
ムーマナオ
หมูมะนาว

「マナオ」というタイのライムを使った爽やかで
ぴりっと辛いソースがやみつきになる一品。
蒸したいかや白身魚にかけてもおいしいですよ。

材料　2人分

豚肉（しゃぶしゃぶ用）… 80g
カナー（p.11。または小松菜）… 60g
にんにくの薄切り … 1かけ
パクチー … 1本
レモンの薄切り … 1切れ
A つぶしにんにく（p.8）… 2かけ
　 つぶしとうがらし（p.8）… 3本
　 ナンプラー … 大さじ2
　 砂糖 … 大さじ2
　 塩 … 小さじ 1/4
　 レモン汁 … 大さじ4

作り方

1 レモンは4等分に切る。パクチーは1cm長さに切る。

2 鍋に湯を沸かし、カナーを入れる。色が濃くなったらざるに上げ、湯をきってしっかりとしぼり、4cm長さに切る。同じ鍋に豚肉を入れてさっとゆで、火が通ったらざるに上げて湯をしっかりときる。

3 ボウルにAの材料を入れて、よくまぜる。

4 カナーを器に盛り、豚肉をのせる。3を全体に回しかけ、にんにく、パクチー、レモンをのせる。

MEMO　マナオ

「マナオ」とは料理の酸味づけに使われるタイのライムのこと。
日本ではレモンやライムで代用します。

材料　2人分

豚バラかたまり肉 … 200g
ゆで卵* … 2個
厚揚げ … 100g
パクチー … 1本
A にんにく … 1かけ
　パクチーの根 … 1本
　塩 … 小さじ¼
　白こしょう（粒）
　　 … 小さじ¼

B ココナッツシュガー（またはきび糖）
　　 … 27g
　シーユーカオ（またはしょうゆ）
　　 … 大さじ1
　シーユーダム … 小さじ2
　シナモン（スティック） … 4g
　八角 … 2.5個（2g）
　塩 … 小さじ¼
サラダ油 … 大さじ2
＊ゆで卵は水から8分ゆでたものを使用。

作り方

1　豚肉は2cm厚さに、厚揚げは4等分に切る。パクチーは1cm長さに切る。Aはクロック（p.110）またはフードプロセッサーでみじん切りくらいのサイズにする。ボウルに豚肉とAを入れ、もみ合わせる。

2　鍋に油を入れて火にかけ、厚揚げを加え、両面に軽く焼き色がついたら、いったんとり出す。同じ鍋に豚肉を入れ、両面に軽く焼き色がついたら、水3カップとBを加えて15分ほど煮る。

3　肉の脂が透き通ったら、浮いた脂は残しアクだけをとる。厚揚げを鍋に戻し入れて弱火にし、10分煮る。ゆで卵を加え、表面が茶色くなるまで5〜6分煮て火を止める。器に盛り、パクチーを散らす。

＊火かげんなどで煮汁の味が変わるので、薄いようならシーユーカオを足して調整を。

卵と豚バラの中華風煮込み
カイパロー
ไข่พะโล้

日本の角煮にも似た、中国系タイ料理。
パクチーの根で豚バラのくさみを消して、
香りよく仕上げるのがペンシー流です。

タイ版 "冷蔵庫のお掃除メニュー"

豚バラと野菜のくたくた煮

トムジャップチャーイ

ต้มจับฉ่าย

やさしい味わいのタイ料理が食べたくなったらこれ。
たくさん作ったほうが野菜のだしが出てよりおいしいので、
家でいちばん大きい鍋でたっぷり作って、次の日も楽しんで。

MEMO

野菜は好みのものでOKですが、かたいものと葉野菜をバランスよく、最低4種以上使うのが理想です。大根とゴーヤーは味がしっかりと出るので、あればぜひ加えて。

材料　5～6人分（作りやすい分量）

豚バラかたまり肉 … 300g

大根 … ¼本（200g）

にんじん … ⅔本（200g）

ゴーヤー … 1本（100g）

セロリの葉と茎 … 合わせて100g

小松菜 … 300g

白菜 … ⅙個（300g）

キャベツ … ¼個（200g）

干ししいたけ … 5個

A┌ シーユーカオ（またはしょうゆ）… 大さじ2
　├ シーユーダム* … 大さじ1
　├ シーズニングソース* … 大さじ1
　├ オイスターソース … 大さじ1
　└ 固形スープ … 1個

サラダ油 … 大さじ4

＊シーユーダムとシーズニングソースがない場合、しょうゆ大さじ1を加える。

作り方

1 干ししいたけは水1½カップでもどして4等分に切る（もどし汁はとっておく）。大根は3cm厚さのいちょう切り、にんじんは5cm長さに切ってから、4等分に切る。ゴーヤーとセロリとキャベツは大きめの一口大、小松菜は7cm長さ、白菜は5cm長さに切る。豚肉は3cm厚さに切る。

2 大きい鍋に水3½カップとしいたけのもどし汁、**A**を入れて弱火にかける。

3 フライパンに油大さじ1を入れて火にかけ、豚肉を炒める。両面に少し焼き色がついたらトングでとり出し、**2**に加える。同じフライパンで大根とにんじんを強火で炒め、大根に薄く焼き色がついたらとり出し、鍋に加える。油大さじ1ずつを加えながらゴーヤーとセロリ、白菜と小松菜、キャベツと干ししいたけ*を順に炒める。それぞれ油が回ったら鍋に加えていく。

4 中火にし、30分煮たら、お玉で上から野菜を軽く押さえるようにしてなじませ、さらに30分煮る。アクをとったら弱火にし、30分ごとに野菜を軽く押さえながら、1時間半煮て火を止める。

＊野菜などは一気に炒めると火が通りにくいので、2種類ずつ炒めて。

屋台の軽食 = コーンワーンは、大人も子どもも大好きな味

屋台で気軽に買える、お手軽な軽食を集めました。小腹がすいたときのおやつにも、
ビールのおつまみにも最高ですよ!

豚肉の串焼き
ムーピン
หมูปิ้ง

どの町にも必ずあるのが「ムーピン」屋台。
通勤前の朝ごはん、子どもたちのおやつ、
ビールのお供……と、一日中タイの胃袋を支える万能メニューです。

材料　竹串10本分

豚肩かたまり肉 … 300g

A パクチーの根 … 1本
  にんにく … 2かけ
  塩 … 小さじ ¼

B ココナッツミルク … 大さじ 3
  ナンプラー … 小さじ 1
  シーズニングソース (またはしょうゆ) … 小さじ 1
  シーユーダム* … 小さじ 1 弱
  ココナッツシュガー (またはきび糖) … 20g
  白こしょう … 小さじ ½
  かたくり粉 … 小さじ 1
  サラダ油 … 大さじ 1

*シーユーダムがない場合、入れなくても OK。

作り方

1　豚肉は一口大のそぎ切りにする。**A**はクロック（p.110）またはフードプロセッサー*でこまかくする。

2　ボウルに**A**と**B**を入れてまぜ、1の豚肉を加え、手でしっかりともみ込む。ボウルに汁けがなくなるまでもみ込んだら、ラップをして冷蔵室に30〜60分おく。

3　2の肉を10等分する。まないたに豚肉を1切れずつ広げ、竹串でぬうように均等に刺す。残りも同様にする。

4　魚焼きグリルを熱して、並べ入れる。両面にこんがりと焼き色がつくまで焼く。

*両方ない場合、パクチーの根とにんにくを包丁の腹で軽くたたいてからみじん切りに。

屋台で買うと
ポリ袋に入れてくれます

豚肉に色がついてボウルに汁けがなくなるまでもみ込むのがポイント。下味をしっかりとなじませることで、やわらかくて、香りのいい仕上がりに。

カオニャオ (=もち米) と
一緒だとさらに美味♡

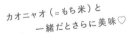

ムーピン屋台で必ず一緒に売られているのがカオニャオ（p.61）。にんにくとパクチーの下味がきいた香ばしい豚肉とやわらかなカオニャオは、王道の組み合わせです。

フライドチキン

ガイトート

かむと「ザクッ」と気持ちいい音が
するくらい、こんがりと香ばしく揚げると
タイらしいフライドチキンに。
ぜひ揚げたてをほぉばって!

材料　2人分

鶏もも肉 … 1枚（250g）

A　小麦粉 … 35g

　　シーズニングソース* … 小さじ 1

　　シーユーカオ（またはしょうゆ）… 小さじ ½

　　塩 … 小さじ ¼

　　白こしょう … 小さじ ½

　　水 … 85㎖

揚げ油 … 適量

スイートチリソース … 適量

＊シーズニングソースがない場合、しょうゆを小さじ ½ 加える。

作り方

1　鶏肉は包丁の先で何カ所か軽く刺して筋切りをし、皮
　　目も同様にする。

2　ボウルにAをまぜ、鶏肉を入れて両面によくもみ込み、
　　ラップをかけて10〜15分おき、なじませる。

3　鍋に揚げ油を180度に熱し、2を皮目を下にして入
　　れ、両面で12〜13分、こんがりとするまで揚げてしっ
　　かりと油をきる。

4　4等分に切って器に盛り、スイートチリソースを添える。
　　好みでフライドオニオンを散らしても。

フライドオニオンをかけると
タイ南部名物の
"ガイトートハジャイ"風に
☞

MEMO

スイートチリソース
タイでは一般的に「ナムチムガイ」（チキンの
たれ）と呼ばれるほど、鶏肉料理には欠かせ
ない。甘さと辛みのあるはっきりした味わい
が、淡泊な鶏肉にピッタリ。いつものから揚
げにかけるだけでもタイ風に！

フライドオニオン
タイではホムデーン（p.11）を揚げたものを
使いますが、日本で手に入るフライドオニオ
ンも便利。私の故郷のタイ南部では、フライ
ドオニオンをかけたガイトートとカオニャオ
（p.61）を一緒に食べるのが定番スタイル。

材料　2枚分

かき（加熱用）… 1パック（180g）
卵 … 2個
もやし … ½袋（100g）
細ねぎ … 3本
A　小麦粉 … 20g
　　白玉粉 … 20g
　　上新粉 … 20g
　　かたくり粉 … 20g
　　塩 … 小さじ ¼
　　白こしょう … 小さじ ½
　　水 … 140㎖
B　シーズニングソース
　　（またはしょうゆ）… 小さじ ½
　　白こしょう … 小さじ ¼
サラダ油 … 大さじ 6
チリソース … 大さじ 8

MEMO

チリソース
卵料理によく使われる、酸味と辛みのあるソース。チリソースとスイートチリソース（p.55）を1:1の割合でまぜたソースもホイトートによく合います。

作り方

1 かきは水でさっと洗ってざるに上げる。細ねぎ2本は5cm長さに切り、1本は小口切りにしてボウルにAとともにまぜ、ラップをして30～60分おく。

2 生地を2等分し、それぞれにかきを半量ずつ入れる。

3 フライパンにサラダ油大さじ3を入れて火にかけ、生地1つ分を流し入れて形をととのえる。卵1個を割り入れたらお玉の底で黄身をつぶし、全体に広げる。こんがりとした焼き色がついたら上下を返し、同様に焼いてとり出す。残りも同様に焼く。

4 同じフライパンに、もやし、残りの細ねぎ、Bを入れてさっと炒める。火を止めて器に半量ずつ盛って**3**をのせ、チリソースを添える。

かきのタイ風お好み焼き
ホイトート
หอยทอด

生地を休ませることで、もちもち食感に。
ビールとホイトートで自分にお疲れさま！

◎タイ屋台のテイクアウトといえばコレ! パンパン袋の作り方

ถุงแกง

"パンパン袋"とは、タイの屋台の軒先に並べられている、おそうざいが入った小さな袋のこと。
中身がよく見えるように、並べやすいように、など理由は諸説ありますが、なぜかどの屋台でも
袋は風船みたいにパンパンにふくらませるのが基本! 汁けのあるものも入れられたり、
やわらかいお菓子やパンもつぶれにくかったりと、意外と利点も多いんです。
コツさえつかめば簡単なので、作ったタイ料理を入れて、お友達への手土産にするのもおすすめです。

準備するもの

● 食品用ポリ袋
　（耐熱がおすすめ）
● 輪ゴム

現地で販売されている、パンパン袋用のセット。マイナス10度から95度まで対応、しかも輪ゴムつきで便利。もちろん、日本のポリ袋と輪ゴムでも作れます。

タイ語では
「トゥンゲーン＝おそうざい袋」と
呼ばれています

汁けがあっても袋に入れます

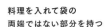

カオマンガイのスープやカレーのほか、ナンプラーや酢などの調味料もこのスタイル。

\ 角を持たないのが　　　/
　　　ポイント

\ ぐるりと巻いて /

\ 巻いているうちに /
\ 袋がパンパンに! /

1 料理を入れて袋の
両端ではない部分を持つ

料理を袋の⅓くらいまで入れたら、写真のように袋の口を閉じて持つ。

2 上部を折って
端から折りたたむ

上から2～3回折り、端からひだを寄せるように、ぱたぱたと折り返しながらたたんでいく。

3 輪ゴムを中指にかけてのばし
ぐるぐる巻いて

たたんでまとめた部分を親指と人さし指でつまみ、中指に輪ゴムをかける。輪ゴムを逆の手の人さし指でひっぱって長くのばし、つまんだ部分をぐるぐると巻く。

4 最後はゴムのわに通して
しっかりロック

巻き終わりを中指にかけていた輪ゴムのわに通す。最後に1周巻いてから、巻き終わりをつまんでいた部分にかぶせる。

ラオス

タイ

バンコク

カンボジア

Isan
イサーン地方

3章

1皿で栄養満点
ソムタムの世界

ここ数年、日本でも人気が高まっているのが
青パパイヤのサラダ、ソムタム。
もともとはイサーンと呼ばれるタイ東北部の料理で、
その地方の主食であるもち米と合わせて食べるのが
一般的。日本だと「サラダをお米と!?」と、
疑問に思うかもしれませんが、
味つけには発酵調味料（ナンプラー）を使い、
干しえびや肉、かになどのたんぱく質食材を
トッピングして食べるソムタムは、さまざまな栄養素と
うまみが詰まっていて、お米ともよく合います。
火を使わずにさっと作れて、さっぱり食べられるので
暑い日のごはんにもぴったりです。

ソムタムはイサーン地方の料理です

イサーン地方とはタイ東北部のこと。ラオス、カンボジアと国境を接していて、とくにラオス料理とイサーン料理は共通点が多いことでも知られています。中国やインドの影響を受けたものが多いバンコク周辺の料理に比べて、辛さが強く、油やココナッツミルクをあまり使わないのが特徴です。タイの中でも農作業が盛んなエリアで、農閑期などにはタイ各地に出稼ぎに行くイサーンの人も多いそう。そのため、今ではタイ国中どこに行ってもイサーン料理店があり、出身地にかかわらず、多くのタイの人々にイサーンの味が愛されています。

日本の家庭でも作りやすい
5つのソムタムを
集めました

実は数えきれないほどのバージョンがあるソムタム。そのなかから、おうちでも作りやすくておいしいものだけを選びました。よく聞く「ソムタム」は、青パパイヤのサラダの総称。後ろに具材名などが入る場合は、ソムを省略して「タム〜」と呼ぶのが一般的です。

青パパイヤのサラダ
タムタイ
ตำไทย

本場イサーンのものに比べて、甘みもあって食べやすい
バンコク風のソムタム。軽く丸めたもち米を、
ソムタムの汁につけて食べると現地っぽさ満点!

MEMO

青パパイヤ

最近日本のスーパーで見かけることも増えてきた熟す前のパパイヤは、タイでは野菜扱い。切ると酵素を含んだ白い液が出るので、さっと洗ってから使って。

包丁でたたくように縦にこまかく切り込みを入れる。

手前から奥に向かって、表面をそぐとせん切りに。余ったら、1の下処理をしてポリ袋に入れ、冷蔵室へ。4〜5日で使いきる。

材料　2人分

青パパイヤ … 140g

さやいんげん … 3本

ミニトマト … 4個

レモンの薄切り … ¼個

A　にんにく … 1かけ
└ とうがらし* … 1〜2本

B　ココナッツシュガー
　　　（またはきび糖） … 大さじ 1⅓
　　ナンプラー … 大さじ 1⅔
　　レモン汁 … 大さじ 2
　　ピーナッツ … 大さじ 2
└ 干しえび … 大さじ 1

＊とうがらしの量は好みで調整を。

作り方

1　青パパイヤは皮をむき、縦半分に切って種をとったら、さっと洗ってキッチンペーパーでふく。包丁（左ページ参照）またはピーラー（p.110）でせん切りにして、軽く水にさらしてからざるに上げる。いんげんは3cm長さに手でちぎる。ミニトマトは縦半分に切る。レモンは4等分に切る。

2　ソムタム　基本の作り方（右記）を参照しながら、クロックに**A**を入れて棒でたたき、軽くつぶしたらいんげんを加えて軽くつぶし、**B**も加えてココナッツシュガーがとけるように棒ですりながら軽くたたく。ときどきスプーンなどでまぜる。

3　調味料がなじんだらミニトマトを加えて軽くたたき、青パパイヤ、レモンを加える。軽くたたいてさらに味をなじませたら、全体をさっとまぜる。

タイのもち米

カオニャオ

ข้าวเหนียว

甘みがあってやわらかいタイのもち米。炊飯器で炊けばOK!

材料と作り方　2〜3人分

もち米180㎖（1合）はさっと洗ってざるに上げ、水けを軽くきる。炊飯器にもち米と水180㎖を入れ、10分おいてから普通に炊く。

＊余ったら、ラップで包んで冷凍しても。

◉ソムタム 基本の作り方

ソムタムのタムは「突く＝たたく」という意味。クロック（p.110）に食材や調味料を入れたら、そのつど棒でつぶすように軽くたたき、調味料をなじませます。途中、スプーンなどで軽くまぜると味がなじみやすくなります。全体的にしなっとしたくらいが食べごろ。軽く味をなじませる程度でいいので、たたきすぎには注意。クロックがない場合は、すり鉢に入れてめん棒などでたたいて。とうがらしは1本入れるだけでかなり辛いので、好みで調整してみてください。

青パパイヤのサラダ フライドチキンのせ

タムガイトート
ตำไก่ทอด

ソムタムの上にフライドチキンを、どーんと大胆にトッピング。
シャキシャキのパパイヤとサクサクチキンの組み合わせは最高!

材料と作り方 2人分

タムタイ(p.60)を作り、6等分に切ったガイトー
ト(p.54)をのせる。

(MEMO)

ソムタムにソーセージやグリルした肉を合わ
せるのは、イサーン料理の定番アレンジ。こ
んなふうにフライドチキンを合わせる食べ方
も、最近はよく見かけます。このままとり分け
て食べても、全体をまぜてもおいしいですよ。

青パパイヤのサラダ 豚トログリルあえ

タムコームーヤーン
ตำคอหมูย่าง

ジューシーなコームーヤーンも、
ソムタムにまぜるとさっぱり味に。
ボリュームも栄養バランスも満点の一皿です。

材料と作り方 2人分

タムタイ（p.60）を作り、コームー
ヤーン（p.70）を加えてざっくりと
あえる。

とうもろこしのソムタム
タムカオポート
ตำข้าวโพด

明るい色合いで、テーブルがにぎやかになる夏にぴったりの一品。
すっぱ辛い味つけが、とうもろこしの甘みをより引き立ててくれます。

材料　2人分

ゆでとうもろこし … 1本（300g）

さやいんげん … 4本

にんじん … 30g

ミニトマト … 1個

レモンの薄切り … ¼個

A にんにく … 1かけ
  └ とうがらし* … 1〜2本

B ココナッツシュガー
  （またはきび糖）… 大さじ 1⅓
  ナンプラー … 大さじ 1
  レモン汁 … 大さじ 1⅓
  ピーナッツ … 大さじ 2
  └ 干しえび … 大さじ 1

＊とうがらしの量は好みで調整を。

MEMO

とうもろこし

生が手に入らない時期は、真空パックタイプを使っても。とうもろこしは一口大くらいにまとまっているほうがおいしいので、入れてからは軽くまぜるだけでOK。

作り方

1 とうもろこしは軸に沿って、縦にそぐ。いんげんは3cm長さに手でちぎる。にんじんは5cm長さのせん切りにし、ミニトマトは縦半分に切る。レモンは4等分に切る。

2 ソムタム　基本の作り方（p.61）を参考にしながら、クロックにAを入れて棒でたたき、軽くつぶしたらいんげんを加えて軽くつぶし、Bを加えて、ココナッツシュガーがとけるように棒ですりながら軽くたたく。ときどきスプーンなどでまぜる。

3 調味料がなじんだらミニトマトを加えて軽くたたき、にんじん、レモンを加える。軽くたたいてさらに味をなじませたら、とうもろこしを加え、全体をさっとまぜる。

ズッキーニのルアンパバーン風ソムタム

タムルアンパバーンズッキーニ
ตำหลวงพระบางซูกินี

青パパイヤを薄切りにする
ルアンパバーン（ラオスの都市）風と呼ばれる
ソムタムをズッキーニで。
イサーン地方とラオスには似た料理も多いんです。

材料　2人分

ズッキーニ … 60g
さやいんげん … 3本
にんじん … 30g
ミニトマト … 4個
レモンの薄いくし形切り … ¼個
A　にんにく … 1かけ
└　とうがらし* … 1〜2本
B　ココナッツシュガー
　　　（またはきび糖）… 大さじ 1⅓
　└　ナンプラー … 大さじ 1⅓
　　　レモン汁 … 大さじ 2⅔
　　　ピーナッツ … 大さじ 2
　└　干しえび … 大さじ 1

＊とうがらしの量は好みで調整を。

作り方

1　ズッキーニは長さを半分にして、ピーラーで薄切りにし、水に5分ほどさらしてざるに上げる。いんげんは3cm長さに手でちぎる。にんじんは5cm長さのせん切りにし、ミニトマトは縦半分に切る。

2　ソムタム　基本の作り方（p.61）を参考にしながら、クロックにAを入れて棒でたたき、軽くつぶしたらいんげんを加えて軽くつぶし、Bを加えてココナッツシュガーがとけるように棒ですりながら軽くたたく。ときどきスプーンなどでまぜる。

3　調味料がなじんだらミニトマトを加えて軽くたたき、にんじん、レモンを加える。軽くたたいてさらに味をなじませたら、ズッキーニを加えて、全体をさっとまぜる。

ソムタムに合わせたい
イサーンごはん

イサーンの人気肉料理3品をご紹介。
ソムタム＆カオニャオと組み合わせて、王道イサーン定食を楽しんで。

豚ひき肉のハーブあえ

ラープムー
ลาบหมู

ハーブの香りにいった米のぷちぷち食感、
そして辛さとすっぱさと……。
タイ料理のにぎやかなおいしさが、ぎゅぎゅっと詰まった一品です。

材料　2人分

豚ひき肉（あればあらびき）… 150g

ホムデーン（p.11。または紫玉ねぎ）… 20g

ナンプラー … 小さじ ½

カオクアポン（下記参照）… 小さじ 2

A 細ねぎ … 1本

　├ パクチー … 2本

　└ スペアミント … 10枚

B ナンプラー … 大さじ 1⅓

　├ 砂糖 … 小さじ ½

　├ チリパウダー（p.25。または市販品）… 小さじ 1

　└ レモン汁 … 大さじ 1⅔

作り方

1 ホムデーンは薄切りにする。細ねぎとパクチーは1cm長さに切る。

2 鍋にひき肉、ナンプラー、水大さじ1を入れて火にかける。木べらなどで軽くまぜ、ひき肉に火が通ったら火を止める。

3 ホムデーンとBを加えて全体をあえたら、カオクアポンとAを加え、さっとまぜる。器に盛り、好みでキャベツ、細ねぎ、パクチーを添える。

カオクアポン　☞ いった米の粉

イサーン料理によく使われる調味料。
カオは米、クアはいる、ポンは粉という意味です。

材料と作り方　作りやすい分量

フライパンに米大さじ2を入れて火にかけ、からいりする。全体が濃いきつね色になったら火を止める。クロック（p.110）かすり鉢、フードプロセッサーで、少しあらめの粉状にする。

＊保存瓶に入れて1カ月ほど保存可。ただし香りが落ちるので、早めに使うのがおすすめ。

チキンのグリル

ガイヤーン
ไก่ย่าง

イサーン料理を代表する、人気肉料理。
タイの街角には、もくもくと煙を上げて
ガイヤーンを焼くイサーン屋台があちこちに。
現地では炭火焼きが基本。

材料　2〜3人分

鶏もも肉 … 2枚（500g）

A にんにく … 1かけ
パクチーの根（または茎）… 1本
白こしょう（粒）… 小さじ ½

B シーユーカオ* … 小さじ 2
シーズニングソース* … 小さじ 2
シーユーダム* … 小さじ ¼
砂糖 … 小さじ 1
塩 … 小さじ ¼

ナムチムジェオ（下記参照）… 適量

＊シーユーカオ、シーズニングソース、シーユーダムがない場合、まとめてしょうゆ大さじ1で代用を。

作り方

1 鶏肉は包丁の先で何カ所か軽く刺して筋切りをし、皮目も同様にする。**A**はクロック（p.110）でこまかくつぶすか、みじん切りにする（こしょうはつぶす）。

2 ジッパーつき保存袋に鶏肉と**A**、**B**を入れる。よくもみ込んだら、30〜60分おく。

3 魚焼きグリルを熱して、**2**を皮目を下にして並べる。両面にこんがりと焼き色がつくまで、15〜20分焼く。

4 半分に切ってから2cm厚さに切り、器に盛ってナムチムジェオを添える。好みでパクチーを添えても。

ナムチムジェオ　🖐 イサーン料理の定番たれ

イサーンの肉料理に添えられる、ちょっと甘ずっぱくて
スパイシーなたれ。カオクアポン（p.67）の香りもポイント。
コームーヤーン（p.70）やヌアトゥンモーファイ（p.82）につけてもおいしいので、
さっぱり食べたいときにおすすめ。

材料　作りやすい分量

パクチーのみじん切り … 適量
細ねぎの小口切り … 適量

A ナンプラー … 大さじ 1½
砂糖 … 小さじ 2
チリパウダー（p.25。または市販品）
… 小さじ ½
カオクアポン（p.67）… 小さじ ½
レモン汁 … 小さじ 2
タマリンドペースト*（p.10）… 大さじ 1

＊タマリンドペーストがない場合、レモン汁を大さじ1にする。

作り方

ボウルに**A**を入れてよくまぜ、砂糖がとけたら器に盛り、パクチーと細ねぎを散らす。好みでさらにカオクアポンを散らしても。

豚トロのグリル

コームーヤーン

คอหมูย่าง

下味をつけて香ばしく焼き上げたジューシーな豚トロは、
ビールも、もち米も進む味。
スーパーで焼き肉用の豚トロを見かけたら、ぜひお試しを。

材料　1〜2人分

豚トロ（焼き肉用）… 150g

A つぶしにんにく（p.8）… 1 かけ
　　オイスターソース … 小さじ ½
　　シーズニングソース（またはしょうゆ）
　　　… 小さじ ½
　　ココナッツミルク … 大さじ 2
　　白こしょう … 少々

ナムチムジェオ（p.68）… 適量

作り方

1　ボウルに豚トロと**A**を入れてよ
　くもみ込み、ラップをして冷蔵
　室に30分〜1時間おく。

2　フライパンに**1**を入れて火に
　かけ、上下を返しながら両面が
　こんがりとするまで焼く。

3　器に盛り、ナムチムジェオを添
　える。好みでパクチーを添えて
　も。

☞ 豚肉の甘みが炸裂！

◎インスタント袋麺で作る
絶品 トムヤム焼きそば

麺屋台のメニューにも「ママー（インスタント麺）」の文字が並ぶほど、
インスタント麺は日常的な食材のひとつ。
炒めたり、サラダ仕立てにしたり、自由に楽しむのがタイ式です。

不動の人気No.1！

トムヤム味の袋麺

スープのもとを調味料として使えば、炒め麺もヤム（p.30）も簡単にトムヤム味に。もちろんそのままインスタント麺として食べてもおいしいので、見かけたらまとめ買いがおすすめ。

รสต้มยำ

袋麺のトムヤム焼きそば
パットママー
ผัดมาม่า

タイ屋台の定番が
あっという間！

材料　1人分

タイの袋麺（トムヤム味）
　…1袋
えび … 2尾
豚ひき肉 … 50g
卵 … 1個
にんじん … 10g
小松菜 … 60g
にんにくのみじん切り
　… 1かけ

A　オイスターソース … 小さじ1
　　ナンプラー … 小さじ ½
　　シーズニングソース（またはしょうゆ）
　　　… 小さじ ½
　　シーユーダム（あれば）… 小さじ ¼
　　砂糖 … 小さじ1
　　添付のスープのもと（粉とペースト）*
　　　…1袋分

サラダ油 … 大さじ2

*タイの袋麺には2種類のスープのもとが入っているので、両方使います。

作り方

1 えびは下処理（p.25）をする。にんじんは細切りに、小松菜は4cm長さに切る。Aは合わせる。

2 鍋に湯を沸かし、麺を入れる。にんじん、小松菜も加えて、箸でほぐしながら2分煮る。ざるに上げて、湯をしっかりときる。

3 フライパンに油とにんにくを入れ、香りが立ったら卵を割り入れ、卵に軽く火が通ったら、えびとひき肉を加える。えびの色が変わったら**2**を加えてさっと炒め、Aを回し入れて炒め合わせる。

71

4章

人が集まる日のとっておき！
みんなで食べたい
タイ料理

老若男女を問わず、家族や友達と大勢で集まって
にぎやかに食事をするのが大好きなタイの人たち。
家でも外でも、料理をシェアすることが多いので
おもてなしやちょっとしたホームパーティーに
ぴったりの料理も、実はとっても豊富です。
さっと準備できる前菜から
南国らしいカラフルなメイン料理、
みんなでわいわい囲めるお鍋まで。
テーブルに並べた瞬間にわき起こる
みんなの歓声が聞こえてきそうな、
わくわく感いっぱいのタイごはんを集めました。

ハーブと野菜の手巻き包み

ミエンカム
เมี่ยงคำ

レストランの定番前菜を、おもてなし仕様に。
さまざまな食材の味と香りを、
甘～いたれがやさしく包む、かむたびにおいしい一品です。

材料　4～5人分

好みのレタス（グリーンカール、サラダ菜など）… 5～6枚
青じそ … 10枚

A 干しえび … 15g
　 ホムデーン（p.11。または紫玉ねぎ）… 2個（15g）
　 しょうが … 20g
　 とうがらし（好みで）… 2～4本
　 レモンのくし形切り … ¼個
　 ピーナッツ（からいりしたもの）… 20g
　 ココナッツファイン … 25g

B しょうがのせん切り … 20g
　 ガピ（p.10。またはアンチョビー2枚）… 5g
　 ココナッツシュガー（またはきび糖）… 100g
　 水 … 大さじ4

作り方

1 ホムデーンは1cmの角切り、しょうがは5mmの角切りにする。とうがらしは5mm幅の小口切り、レモンは縦半分に切って、皮つきのまま5mm厚さのいちょう切りにする。

2 フライパンにAのココナッツファインを入れてからいりし、きつね色になったら器に盛る。

3 鍋にBを入れて火にかけ、焦がさないように注意しながら木べらなどでまぜる。煮立ったら弱火にし、しょうががやわらかくなるまで5～6分煮て、ざるでこして器に盛る。

4 Aをそれぞれ器に盛り、3、レタス、青じそを添える。

レタスや青じそにAの具を少しずつのせてたれをかけたら、包んで一口でどうぞ。

◉ 現地の「ミエンカム」って？

タイではほのかな辛さと苦みのある、「バイチャップルー（はいごしょう）」というハーブに包んで食べるのが一般的。レストランでは一人前ずつ葉の上にトッピングされたかたちで前菜に提供されますが、屋台で買った場合は、こんなふうに自分で包んで、おつまみやおやつとして食べます。青じそのかわりに、えごまの葉を使っても。

パイナップルと豚肉のおつまみ

マーホー
ม้าฮ่อ

パイナップルに甘い豚あんをのせた、
伝統的な前菜。
「馬が走りだす」くらいおいしい、
という意味の料理名のとおり、
くせになる味わいです。

材料　3〜4人分

パイナップル … ¼ 個
豚ひき肉 … 100g
赤ピーマンのせん切り … 10g
パクチーの葉 … 適量
たくあんのみじん切り … 20g
あらびきピーナッツ（p.25） … 30g
A にんにくのみじん切り … 1かけ
　　パクチーの根 … 1本
　　白こしょう … 小さじ ½
　└ 塩 … 小さじ ½ 弱
B ナンプラー … 小さじ 1
　　ココナッツシュガー（またはきび糖）
　└ … 80g
サラダ油 … 大さじ 1

作り方

1 パイナップルは皮をむいて芯を切り
落とし、縦半分に切ってから1cm厚
さのいちょう切りにする。**A**をクロック
（p.110）かフードプロセッサーで
ペースト状にする。

2 鍋に油と**A**を入れて炒める。香りが
しっかりと立ったらひき肉と水大さじ
2を加え、軽く火が通ったら弱火に
し、たくあん、**B**を加える。

3 軽くまぜながら6分ほど炒め、ねば
りが出たらピーナッツを加える。さら
に2〜3分炒め、水分がなくなった
らバットなどにとり出し、あら熱をと
る。

4 パイナップルの数に合わせて16〜
20個くらいに丸める。

5 器にパイナップルを並べ、パクチー、
ピーマン、4の順にのせる。

＊辛いものが好きなら、ピーマンのかわりにと
うがらしの小口切りをのせて。

MEMO パイナップル以外に、みか
んの輪切りや、キウイなどを
使ってもおいしいです。

すいかと干し魚の前菜

テンモープラーヘン
แตงโมปลาแห้ง

フルーツに魚やえびなど、
魚介系のうまみをプラスするのは、
タイの定番の組み合わせ。
日本ではなじみが薄い分、
新鮮な味わいに
ハマる人も多いはず。

材料 作りやすい分量

すいか … 1/6 個

あじの干物 … 1 尾

A フライドオニオン（市販品）… 30g

　　砂糖 … 大さじ 2

　　塩 … 小さじ ½ 弱

サラダ油 … 小さじ 1

作 り 方

1 あじは焼いて、骨や皮をとり除き、軽く身をほぐす。クロック（p.110）かフードプロセッサーで粉状にする*。すいかは一口大に切る。

2 フライパンに油と **1** のあじを入れて弱火で炒め、水分が完全に抜けてさらさらになったら火を止める。**A** を加え、スプーンなどで 1 分ほどよくまぜ合わせる。

3 器にすいかを盛り、**2** を大さじ 2 〜 3 かける。量は好みで調整を。

*こまかくすることで魚くささがなくなるので、しっかりと粉状になるまでつぶして。

MEMO **2** が余ったら、保存瓶に入れて 1 週間ほど保存可。メロンや赤飯にかけても。

ハーブと野菜のあえごはん
カオヤム
ข้าวยำ

カオヤムはタイ南部の名物料理。お正月など家族が集まる
特別な日に、お母さんが作ってくれた思い出の味です。
青いごはんで作ると、より華やか！

材料 4人分

あたたかいごはん … 360㎖（2合）分

いり白ごま、いり黒ごま … 各大さじ1

レモンのくし形切り … 4切れ

A さやいんげんの小口切り … 8本

　もやし … 60g

　にんじんのせん切り … 40g

　グリーンカールの細切り … 4枚

　青じそのせん切り … 8枚

　レモングラスの小口切り … 2～3本（30g）

　バイマックルー（p.11）のせん切り … 10枚

　ココナッツファイン … 80g

　干しえび … 大さじ3

　チリパウダー（p.25。または市販品）… 小さじ2

B にんにく … 2かけ

　ホムデーン（p.11。または紫玉ねぎ）… 20g

　レモングラス … 2～3本（25g）

　ナンプラー … 大さじ2

　ガピ（p.10。またはアンチョビー8枚）… 30g

　ココナッツシュガー（またはきび糖）… 70g

　水 … ½カップ

作り方

1 フライパンにココナッツファインを入れてからいりし、きつね色になったらとり出す。干しえびはクロック（p.110）かフードプロセッサーで粉状にする。にんにくは半分に切って包丁の腹で軽くつぶし、ホムデーンは5㎜厚さに切る。Bのレモングラスは5㎜厚さの斜め薄切りにする。

2 鍋にBをすべて入れて火にかける*。ときどきまぜながら煮立ったら弱火にし、12分煮て火を止める。ざるでこして、¼量ずつ器に盛る。

3 器にごはんをそれぞれ盛り、ごまを散らす。Aをごはんのまわりに¼量ずつバランスよく並べ、レモンと**2**を添える。

　*たれを煮るとき、レモングラスのかたい部分を一緒に入れるとさらに香りがよくなる。たれは密閉容器に入れて冷蔵室で4～5日保存可。

ごはんにたれを半量ほどかけ、レモンをしぼったら、全体をよーくまぜ合わせて。たれは味が濃いので、一度にかけてしまわず、好みの味を探してみて。

アンチャンライス（青いごはん）

材料 作りやすい分量

米 … 360㎖（2合）

A アンチャン（乾燥）

　　… 3g

　水 … 180㎖

作り方

1 米は洗い、ざるに上げる。

2 鍋にAを入れて火にかける。色が出たら（写真参照）火を止め、ざるでこしてあら熱をとる。水分の量が全部で405㎖になるよう、水を足して調整する。

3 炊飯器に**1**と**2**を入れて炊く。

　*アンチャンに味や香りはほぼないので、白いごはんを使う場合とカオヤムの味つけは同じでOK。

MEMO

アンチャン

英語ではバタフライピーと呼ばれる、青い花。タイではハーブティーとして飲むほか、食材の色づけやシャンプーなどの原料にも使用。ネット販売やアジア食材店で、乾燥品を購入できます。

ココナッツミルクそうめん

カノムチーンサオナーム
ขนมจีนซาวน้ำ

サラダうどんの感覚で食べたい、さらっと軽い麺料理。
大勢で食べるときは、具材やソースをそれぞれテーブルに並べ、
ブッフェ感覚で各自盛りつけても楽しい。

材料　2人分

そうめん … 2束

鶏ささ身 … 2本（100g）

干しえび … 大さじ2

パイナップル … ⅙個（100g）

しょうがのせん切り … 30g

ミニトマト … 2個

グリーンカール … 2枚

パクチー … 1束

A　ココナッツミルク … 1カップ
　┌ 塩 … 小さじ ½
　└ 水 … ¼ カップ

B　にんにくのみじん切り … 2かけ
　┌ とうがらしの小口切り … 2～3本
　│ ナンプラー … 大さじ1
　│ 砂糖 … 小さじ2
　└ レモン汁 … 大さじ2

作り方

1 そうめんは袋の表示どおりにゆで、水でさっと洗ってざるに上げ、水けをよくきる。鍋に**A**を入れて火にかけ、沸いたらささ身を入れる。火が通ったらとり出し、あら熱がとれたら縦半分に切って、5mm厚さくらいの斜め切りにする。

2 フライパンに干しえびを入れ、からいりする。香りが立ったらとり出し、クロック（p.110）かフードプロセッサーであらめの粉状にする。パイナップルは細切りに、ミニトマトは縦半分に切る。グリーンカール、パクチーは1cm長さに切る。

3 ボウルに**B**の材料をすべて入れ、砂糖がとけるまでよくまぜる。

4 器にそうめんを盛り、**1**のスープをかけ*、**1**のささ身、しょうが、**2**をそれぞれバランスよく盛りつける。**3**をかけて、よくまぜて食べる。

＊ココナッツミルクのスープは常温でも熱くてもいいので、好みの温度に調整を。

MEMO

そうめん

本来は米粉を発酵させて作る、カノムチーンというやわらかい麺を使いますが、日本では食感と見た目が似ているそうめんで代用を。カノムチーンにグリーンカレー（p.42）をかけるのも定番の食べ方。

スパイスと肉と野菜、
長時間煮込んだ先にある幸せ

老舗から最新店まで、バンコクのあちこちに専門店があり、最近若者の間でも人気が高まっているのが、中華スパイスのきいたスープで煮込んだ「ヌアトゥンモーファイ」。煮込み時間は計3時間と長くても、その価値を十分に感じられるおいしさです。たっぷり作って、翌日は麺でアレンジ。二度うれしい。

☞
ほろほろ食感になるまで
煮込んだ牛肉は絶品!

牛煮込み鍋

ヌアトゥンモーファイ
เนื้อตุ๋นหม้อไฟ

本来は牛モツや骨つき肉も一緒に煮込んで牛肉をとことん
楽しむ料理ですが、今回は扱いやすい部位で作ります。
まずはうまみたっぷり至福のスープを一口。
肉と野菜は特製のすっぱいたれをかけながらどうぞ。

材料　4〜5人分

A 牛バラかたまり肉 … 500g

　牛すねかたまり肉 … 500g

　ガティアムドーン（下記参照。またはにんにくピクルス）
　　… 1〜2個（50g）

大根 … 1/8 本（300g）

B もやし … 1袋

　チンゲンサイ … 1束

　セロリ（葉つき）… 1本

　細ねぎ … 2本

　パクチー … 1束

C にんにく … 40g

　パクチーの根 … 5〜6本

　カー（あれば。p.11）… 10g

　黒こしょう（粒）… 6g

　八角 … 6g

　シナモン（スティック）… 10g

　コリアンダーシード … 2g

D オイスターソース … 大さじ4

　シーユーカオ … 大さじ2

　シーユーダム … 大さじ2

　シーズニングソース … 大さじ2

　ココナッツシュガー（またはきび糖）… 90g

　塩 … 小さじ1

　固形スープ … 1個

ナムソム（右記参照）… 適宜

ナムチムジェオ（p.68）… 適宜

作り方

1 牛肉はそれぞれ大きめの一口大に切る。大根は3㎝厚さのいちょう切りにする。チンゲンサイとセロリは食べやすい大きさに切る。細ねぎは3㎝長さに切り、パクチーはざく切りにする。にんにくは半分に切って包丁の腹で軽くたたき、カーは薄切りにする。

2 フライパンにCを入れて火にかけ、からいりする。香りが立ったらとり出し、不織布のだし袋*に入れる。

3 煮込み用の大きい鍋に水4.5ℓとDを入れて強火にかける。沸いたら中火にしてA、2を加え、ときどきアクをとりながら1時間煮る。大根を加え、少し火を弱め、肉がやわらかくなるまで、さらに2時間煮る。

4 鍋に移しかえて卓上コンロにかけ、Bを加える。ナムソムやナムチムジェオ*を好みでかけて食べる。

＊いくつかに分けて入れてもOK。お茶パックなどでも。
＊味がしっかりついているので、たれは好みで。酸味がほしい場合はナムソム、辛さを足したいときはナムチムジェオを少しずつかけてみて。

ナムソム（すっぱいたれ）　くせになる酸味だれ

材料　作りやすい分量

赤ピーマン … 1個

酢 … 1/2 カップ

砂糖 … 小さじ2

作り方

1 ピーマンはまるごと魚焼きグリルに入れて火にかけ、やわらかくなったらとり出す。

2 ピーマンのへたを切り落とし、酢、砂糖と一緒にミキサーにかける。ピーマンがこまかくなったら、器に盛る。辛みを足したい場合は、チリパウダー（p.25。または市販品）を好みで加えても。

＊ピーマンは種ごと入れてOK。皮が焦げたら、黒い部分をとり除いてからミキサーへ。

MEMO

ガティアムドーン
ヤムなどにもよく使われる、にんにくの酢漬け。市販のにんにくピクルスで代用可。

牛煮込み鍋の
麺アレンジ2種

牛煮込み鍋（p.82）は全部食べきらずに、翌日に麺でも楽しむのが正解。
牛鍋専門店にはだいたい麺メニューがあるほど人気なんです。

スープのうまみを楽しむ
汁ありバージョン

牛煮込み中華麺
バミーヌアトゥン
บะหมี่เนื้อตุ๋น

うまみたっぷりの牛煮込み鍋の
スープを味わうアレンジ。
中華麺はおいしい生麺でぜひ。

材料　1人分

中華麺（生）… 1玉（100g）
ヌアトゥンモーファイ（p.82）の牛肉
　… 4〜5切れ
ヌアトゥンモーファイ（p.82）のスープ
　… 1½ カップ
もやし … 40g
小松菜のざく切り … 1束（60g）
セロリの葉のざく切り … 4〜5枚
A　細ねぎの小口切り … 1本
　└ パクチーの細切り … 1本

作り方

1　鍋に湯を沸かし、麺を袋の表示どお
りにゆでる。ゆで上がる50秒前にも
やしと小松菜を加え、さっとまぜる。
ざるに上げて湯をしっかりときり、器
に盛る。

2　鍋にスープと牛肉を入れて火にかけ、
沸いたらセロリを加え、さっとまぜる。
1に注ぎ、Aを散らす。好みでにんに
く油（p.85）や、ナムソム（p.83）を
かけても。

牛煮込みトムヤムあえ中華麺

バミーヌアトゥントムヤムヘン
บะหมี่เนื้อตุ๋นต้มยำแห้ง

よーくまぜて食べる屋台風の汁なし麺。
麺の場合の「トムヤム」は、トムヤムクンとは違う、
あっさり味が特徴。甘めに煮た牛肉に、
すっぱ辛い味つけがよく合います。

具材を味わう
汁なしバージョン

材料　1人分

中華麺（生）… 1玉（100g）
ヌアトゥンモーファイ（p.82）の牛肉 … 4〜5切れ
もやし … 50g
小松菜のざく切り … 1束（60g）
セロリの葉のざく切り … 4〜5枚
細ねぎの小口切り … 1本
パクチーの細切り … 1本
チリパウダー（p.25。または市販品）… 小さじ 1/2
ピーナッツ … 大さじ1
にんにく油（下記参照）… 大さじ2
A ナンプラー … 大さじ1
　砂糖 … 大さじ1
　酢 … 小さじ1
　レモン汁 … 小さじ2

作り方

1 ピーナッツはポリ袋などに入れて、めん棒であら
くつぶす。牛肉はあたためる。ボウルに**A**を入れ
てよくまぜる。

2 鍋に湯を沸かし、麺を袋の表示どおりにゆでる。
ゆで上がる50秒前にもやしと小松菜を加え、
さっとまぜる。ざるに上げて湯をしっかりときり、**1**
のボウルにセロリとともに加えて、まぜ合わせる。

3 器に盛り、**1**のピーナッツと牛肉、チリパウダーを
のせる。上からにんにく油を回しかけて、細ねぎ、
パクチーを散らす。全体をよくまぜて食べる。

あえ麺には欠かせない
うまみと香りのもと

にんにく油 （ナムマンガティアムチアオ）

材料と作り方　作りやすい分量

p.34を参考にフライドガーリックを作る。それぞ
れ別の容器に入れたにんにくと油のあら熱がと
れたら、油の容器ににんにくを加える。

＊冷める前に加えると、余熱でにんにくが焦げるので注意。

半熟ゆで卵
カイルワック
ไข่ลวก

グラスに入れた半熟ゆで卵にトーストと
練乳コーヒーを添えたら、おじいちゃんたちが
大好きなコーヒー屋台の朝ごはんが完成。
卵は小さいスプーンですくったり、
トーストにつけて食べたり。

タイ版喫茶店の
モーニングセット

材料　1人分

卵 … 1〜2個
小さめの食パン … 1〜2枚
シーズニングソース … 適量
白こしょう … 適量

作り方

1　食パンはトースターでこん
　　がりと焼き、食べやすく切っ
　　て器に盛る。

2　鍋に湯を沸かし、卵を入れ
　　て2分ゆでる。あら熱がと
　　れたら殻をむき、グラスに
　　入れてシーズニングソース
　　と白こしょうをかける。

5章

さくっとパワーチャージ

タイの朝ごはん

早朝、バンコクの公園や市場に行くと
目にするのが、もくもくと湯気や煙を上げて
人々を迎える、たくさんの朝ごはん屋台。
家族におかゆを買っているお母さん、
学校に行く前に卵焼きを食べる子どもたち、
太極拳で体を動かしたあと、豆乳を飲みながら
井戸端会議をしているお年寄り……。
いろんな人がいるけれど、思い思いの
朝ごはんを楽しむ人たちは、みんなどこか幸せそう。
ほほえみの国、と呼ばれるタイの朝ごはんには、
一日を笑顔でのりきる元気の秘訣が
隠されているのかもしれません。

みんな大好き 卵料理

タイでも朝は、やっぱり卵！ ゆで卵、目玉焼き、卵焼き、と
バリエーションは日本と同じなのに、味も見た目も違います。
シンプルな卵料理にはシーズニングソースが相棒です。

あつあつ目玉焼き
カイガタ
ไข่กระทะ

小さなフライパン（ガタ）に卵（カイ）を入れて
目玉焼きを作り、そのままテーブルへ。
トーストやバゲットなど、パンと一緒にいただきます。

材料　1人分

卵 … 2個
ソーセージの小口切り … 3本
細ねぎの小口切り … 1本
小さめの食パン … 1〜2枚
シーズニングソース … 小さじ ½
白こしょう … 小さじ ¼
バター … 10g

作り方

1 食パンはトースターでこんがりと焼き、斜めに2等分する。

2 フライパンにバターを入れて火にかけ、卵を割り入れる。
すき間にソーセージを並べて蓋をし、黄身が好みのかた
さになるまで2〜3分焼く。火を止め、細ねぎを散らす。

3 耐熱皿にフライパンごとのせて、シーズニングソースとこしょ
うをかけ、トーストを添える。

タイの薄くて小さなフライ
パン（ガタ）。ない場合
は、スキレットや小さなフ
ライパンで作っても。

日本でもおなじみの食材。

バターは多めで、
水を入れずに蒸し焼きに。

シーズニングソースの香りが、
タイらしさの秘訣。
黄身をくずしながら、トーストと食べて!

豚ひき肉入り卵焼き

カイチアオムーサップ
ไข่เจียวหมูสับ

多めの油で揚げ焼きにする卵焼きは、タイの子どもたちの大好物。
ごはんにやわらかい卵焼きをのせたリーズナブルなセットは、
朝ごはん屋台の人気ものです。

材料　2人分

卵 … 2個
豚ひき肉 … 50g
A 細ねぎの小口切り … 1本
┌ ナンプラー … 小さじ1
└ 白こしょう … 小さじ¼
サラダ油 … 大さじ3
あたたかいごはん … 適量
チリソース（p.56）… 大さじ2

作り方

1 ボウルに卵とひき肉を入れ、ほぐしまぜる。**A**を
加えて、さっとまぜ合わせる。

2 フライパンに油大さじ1½を入れて、強火にかけ
る。フライパンのふちから煙が上がってきたら＊、
1の半量を流し入れる。

3 こんがりと焼き色がついたら上下を返し、中火
にして反対側もこんがりと焼いてとり出す。もう1
枚も同様に焼き、器にごはんとともに盛り、チリ
ソースを添える。

＊卵液は、油をしっかりとあたためてから加えましょう。2枚分
を同時に焼くと油の温度が下がるので、必ず1枚ずつ焼いて。

カイチアオムーサップをアレンジ

豚ひき肉入り卵焼きのレッドカレーソースがけ

カイチアオゲーンデーンヘン
ไข่เจียวแกงแดงแห้ง

「チューチープリックユワックヤッサイ」（p.44）を多めに作り、
翌日は卵焼きにトッピングがおすすめ。
ボリュームとごちそう感が格段にアップ。

材料と作り方　2人分

1 上記の「カイチアオムーサップ」を作り、器
に盛ったごはんの上にのせる。

2 p.44の「チューチープリックユワックヤッサ
イ」の半量を用意する。ピーマンの肉詰め
を一口大に切って、ソースとともにフライパン
に入れて火にかける。あたたまったら、
1に半量ずつかける。

豆乳 で朝から元気に！

朝になると、どこからともなく現れる豆乳屋台。日本のものよりちょっと
薄くてほんのり甘い豆乳に、豆や雑穀など好みの具材を選んでトッピ
ングすれば、ヘルシーで栄養満点、腹もちもいい立派な朝ごはんに。

具だくさん豆乳
ナムタオフーソンクルアン
น้ำเต้าหู้ทรงเครื่อง

入れる具の種類も量も、その日の気分で選べるのがタイスタイル。
あつあつでも常温でも何も入れなくてもおいしいので、好みのスタイルで楽しんで。

材料　2人分

A 豆乳（無調整）… 1¼ カップ
　　 砂糖 … 25g
　　 塩 … 少々
　　 水 … ½ カップ
ハトムギ … 30g
キドニービーンズ（缶詰またはドライパック）
　　… 70g
冷凍油條（市販品）… 1〜2本
揚げ油 … 適量

作り方

1 ハトムギは水につけて30分おく。鍋に湯を沸かし、ハトムギを入れて40分ゆでる。やわらかくなったらざるに上げて湯をきり、器に盛る。油條は袋の表示どおりに揚げて、半分に切って器に盛る。キドニービーンズは汁けをきって器に盛る。

2 鍋に**A**を入れて弱火にかける。ときどきまぜながら、沸かないように注意してあたためる。

3 器に入れて**1**を添え、好みでトッピングする。

豆乳屋台は持ち帰りが中心。注文すると、具と豆乳を袋に入れてくれます。レシピのもの以外にもバジルシードや緑豆、タピオカなど、だいたい5〜6種類ほどのトッピングが用意されていて、みんな好みの具を指定して買っていきます。

(MEMO)

豆乳（無調整）

無調整の豆乳を水で薄めて、砂糖と塩を足すと屋台の豆乳の味に近づきます。砂糖の量は好みで調整を。

冷凍油條

タイでは「パートンコー」という揚げパンを添えて食べることもありますが、日本では手に入らないので油條で代用を。もちろん、なくてもOK。

朝から夜まで、**3**種の おかゆ

タイの代表的なおかゆを3つご紹介。それぞれに専門店があるほど、おかゆは食生活に欠かせない存在なんです。作り方も味もまったく違うので、お気に入りを見つけて。

材料 2人分

A ごはん … 150g
└ 固形スープ … ½個

B 豚ひき肉 … 80g
│ シーズニングソース（またはしょうゆ）… 小さじ1
│ 白こしょう … 小さじ ¼
│ かたくり粉 … 小さじ ½
└ 水 … 大さじ2

C 塩 … 小さじ ½
└ シーユーカオ（またはしょうゆ）… 小さじ1

D 細ねぎの小口切り … 1本
│ パクチーのざく切り … 1本
└ しょうがのせん切り … 適量

白こしょう … 小さじ ¼

作り方

1 ミキサーにAと水1½カップを入れて、とろりとするまでかくはんする。

2 ボウルにBと**1**大さじ1を入れて、手でしっかりとこねる。ねばりが出たら、8等分して軽く丸める。

3 鍋に残りの**1**と水2カップを入れて弱火にかけ、焦げないように注意しながら、ゆっくりと全体をまぜる。

4 沸いたら**2**を加えて、くずれないようにゆっくりとまぜる。ひき肉に火が通ったら**C**を加えて、さっとまぜる。

5 器に盛り、**D**をのせて、こしょうを振る。好みで冷凍油條（p.93）の輪切りを添えても。

豚だんご入りのとろとろかゆ
ジョークムーサップ
โจ๊กหมูสับ

もともとは、精米中に砕けてしまった米の
利用法として生まれたのだとか。
ペーストに近いとろとろ食感で消化もいいので、
朝食はもちろん、夜食としても人気です。

えび入りのおかゆ
カオトムクン
ข้าวต้มกุ้ง

タイ南部の実家に帰ると、お母さんがよく作ってくれる朝ごはん。
えびのうまみとにんにく油の香りが、食欲をそそります。

材料　2人分

ごはん … 150g

えび … 4尾

細ねぎの小口切り … 1本

パクチーの細切り … 1本

A　固形スープ … ½個
└ 塩 … 小さじ¼

B　シーズニングソース* … 小さじ1
└ ナンプラー … 小さじ1

C　白こしょう … 適量
└ にんにく油(p.85) … 適量

＊シーズニングソースがない場合、塩少々を足して調整を。

作り方

1　えびは下処理(p.25)をする。

2　鍋にごはん、A、水3カップを入れて火に
　かけ、ときどきまぜながらあたためる。煮
　立ってから5分たったらえびとBを加える。

3　えびに火が通ったら火を止め、細ねぎとパ
　クチーを加えて軽くまぜる。

4　器に盛り、Cをかける。

白がゆ
カオトムクイ
ข้าวต้มกุ๋ย

おかゆ自体に味はないので、中国系の炒めものなど、
味つけの濃いおかずと一緒に食べます。
屋台ではおかゆを2杯、3杯とおかわりする人もたくさん！

材料と作り方　2人分

鍋に米90ml（½合）と水4カップを入
れて火にかける。煮立ったら弱火にし
て、焦げないように注意しながらときど
きまぜて、米がやわらかくなるまで15
分煮る。

あさりのチリインオイル炒め

ホイラーイパットナムプリックパオ

หอยลายผัดน้ำพริกเผา

うまみたっぷりの濃厚ソースと
バジルの香りがあさりにからむ、絶品炒め。
ソースもしっかりとすくって、
おかゆにかけてどうぞ。

おかゆ屋台のおかず 1

材料　2人分

あさり（殻つき。砂出ししたもの）… 250g

ホーラパー（p.11。またはイタリアンバジル）… 15 〜 20 枚

ピーマン … ⅛ 個（15g）

赤ピーマン … ¼ 個（20g）

牛乳 … 大さじ 4

A　にんにくのみじん切り … 1 かけ
  └ とうがらしの斜め切り … 1 〜 2 本

B　チリインオイル（p.10）… 大さじ 1
  │ オイスターソース … 小さじ 2
  │ シーユーカオ（またはしょうゆ）… 小さじ ½
  │ タオチオ（p.10。またはみそ）… 小さじ ½
  └ 砂糖 … 小さじ 1

サラダ油 … 大さじ 2

作り方

あさりは殻をこすり合わせてよく洗う。ピーマンは縦5mm幅に切る。Bは合わせる。

フライパンに油を入れて火にかけ、Aを加えて炒める。香りが立ってきたら、あさりを加えて蓋をする。

あさりの口があいたらBを加えて炒め合わせ、ピーマンを加えてさらに炒める。

チリインオイルがとけたら牛乳を加えて炒め、ふつふつと沸いたらホーラパーを加えて、ざっとまぜる。

黄にらと厚揚げの炒めもの

グイチャイカーオパットタオフー

กุยช่ายขาวผัดเต้าหู้

カオトムクイ屋台でとくに人気の中華風炒め。
黄にらの食感を楽しみたいから、
あえて切らずに長いままで。

材料　2人分

黄にら … 1 束（50g）
厚揚げ … 100g
赤ピーマン … ¼ 個
にんにくのみじん切り … 1 かけ
A オイスターソース … 小さじ 1
　　シーズニングソース* … 小さじ 1
　　タオチオ*（p.10）… 小さじ ½
　　砂糖 … 小さじ ½
　　白こしょう … 小さじ ¼
　　水 … 大さじ 3
サラダ油 … 大さじ 2

＊シーズニングソースとタオチオがない場合、
オイスターソースを小さじ 2 にして、しょうゆ小
さじ 1 を足す。

作り方

1. 厚揚げは 3cm 長さの拍子木切りにする。ピーマンは斜め薄切りにする。**A** は合わせる。

2. フライパンに油を入れて火にかけ、厚揚げを炒める。上下を返して両面が薄いきつね色になったら、フライパンの奥に寄せる。

3. フライパンのあいたところににんにくを入れて炒め、香りが立ったら黄にらを加える。上下を返しながら 1 分ほど炒め、油が回ったら、ピーマン、**A** を加える。厚揚げも合わせて、全体をさっと炒め合わせる。

4. 黄にらを器に盛り、残りの具とソースをかける。

MEMO

黄にら
グイチャイはにら、カーオは白、という意味で、中華系の料理によく使われます。食感が重要なので、炒めすぎには注意を。

豚ひき肉と梅干しのスープ

ムーサップトムブアイ

หมูสับต้มบ๊วย

梅干しとしょうがをしっかりきかせた、
さっぱり味のスープ。おかゆとスープも、
意外と合いますよ。

材料 2人分

豚ひき肉 … 80g

梅干し … 3個（30g）

しょうがのせん切り … 15g

塩 … 少々

白こしょう … 小さじ ¼

A ┌ シーユーカオ … 小さじ 1
　　└ シーズニングソース … 小さじ 1

作り方

ボウルにひき肉を入れて、塩とこしょうを振り、軽くまぜ合わせる。

鍋に水2カップとA、しょうが、梅干しを入れて強火にかけ、梅干しを軽くほぐしながら、ときどきまぜる。

あたたまってきたら、¼カップ分ほどをお玉ですくい、**1**のボウルに入れて、ひき肉を箸でほぐす。

2が煮立ったら弱火にして、**3**を加える*。煮立たないように注意しながらときどき全体をさっとまぜ、ひき肉に火が通ったら火を止める。

＊煮立つとアクが出るので、弱火でゆっくり火を通して。

▷ まだまだあります ╱

◉ **カオトムクイによく合うおかず**

白がゆ「カオトムクイ」は、この本で紹介しているほかのおかずとも好相性。屋台気分で組み合わせを楽しんで！

・えびのにんにくこしょう炒め p.34
・いかの卵カレー炒め p.36
・空芯菜炒め p.38
・オクラのにんにくとうがらし炒め p.39
・キャベツのナンプラー炒め p.40
・ブロッコリーの塩漬け魚炒め p.41

大人気のトムヤムラーメンを
おうちで作ってみよう!

日本人に人気のトムヤムラーメンは、ペンシー先生が料理顧問を務める
人気タイ料理店「ティーヌン」が発祥の看板メニューです。すっぱ辛さがくせになる、
一度食べたらヤミツキ必至のあの味を自宅で試してみて。

大ヒットメニューのおうちレシピを
大公開します!

トムヤムラーメン

バミートムヤム
บะหมี่ต้มยำ

102

作り方

1 えびは下処理（p.25）をする。にらは3cm長さに切り、キャベツは一口大に切る。ミニトマトとふくろたけは、それぞれ縦半分に切る。**C**は合わせる。

2 鍋に鶏ガラスープを入れて火にかけ、煮立ったら**A**、ひき肉、えび、**C**を順に加え、トムヤムペーストがとけるように、軽くまぜる。ひき肉に火が通ったら、火を止める。

3 別の鍋に湯を沸かし、麺を袋の表示どおりにゆでる。ゆで上がる50秒前にもやしとにらを加えて、ざっとまぜる。ざるに上げて湯をしっかりときり、器に盛る。

4 **2**を注いで、**B**を散らす。

材料 1人分

中華麺（生）… 1玉（100g）

えび … 2尾

豚ひき肉 … 30g

もやし … 50g

にら … 1本

鶏ガラスープ（右記参照）… 1¾カップ

A キャベツ … 40g

┌ ミニトマト … 2個

└ ふくろたけ（あれば）… 4個

B ねぎの薄切り … 3cm

┌ 細ねぎの小口切り … ½本

└ パクチーの細切り … 1本

C ココナッツミルク … 大さじ1

┌ トムヤムペースト … 40g

│ チリインオイル*（p.10）… 小さじ2

│ チリインオイルのうわずみ油* … 小さじ1

│ 砂糖 … 小さじ½

└ レモン汁 … 小さじ1

*チリインオイルとうわずみ油がない場合、入れなくてもOK。

鶏ガラスープ

材料と作り方 作りやすい分量

鍋に水7½カップと鶏ガラ1羽分を入れて、強火にかける。煮立ったら中火にして40分煮て、ざるでこす。

＊鶏ガラスープは冷凍で保存可。
＊鶏ガラスープがない場合、固形スープで代用してもOK。その場合、塩けが強いことがあるので、味をみて調整を。

＼ 味変するのが現地流 ／
タイの卓上調味料セットの話

タイで麺を食べると、目につくのが卓上にある調味料セット。中には4つの調味料が入っていてタイ料理の味の基本となる「塩け」「酸味」「辛み」「甘み」を網羅。麺をちょっと味見してからこれで味をととのえるのがタイ式です。調味の基本は正直〝好みしだい〞なのですが、迷ったときはナンプラーと砂糖を1:1で加え、その後酸味と辛さを足してみて。汁なし麺や炒め麺にも使えるので自宅でもタイっぽさを演出できます。

ⓐ砂糖

ⓑナンプラー

ⓒチリパウダー

ⓓ酢
（とうがらしの
小口切り入り）

6章

甘いは幸せ
南国スイーツ & ドリンク

タイにはフルーツやハーブを使った南国らしいスイーツやドリンクがたくさん。
おやつが大好きなタイの人たちみたいに
スパイシーな料理のあとはあま〜いスイーツでほっとひと息。

バターシュガーパンの練乳がけ
カノムパンピンヌーイノム

ขนมปังปิ้งเนยนม

炭火でカリッと表面を焼いた屋台の
ふわふわパンは、
タイの子どもたちの大好物！

材料　2人分

コッペパン … 2個
バター … 20g
砂糖 … 小さじ1
コンデンスミルク … 大さじ1½

作り方

1　コッペパンは厚みを半分に切
　る。それぞれ下部の切り口にバ
　ターを塗って砂糖を振り、上部
　をのせる。トースターでカリッと
　するまで焼いて食べやすく切る。

2　器に盛って、熱いうちにコンデ
　ンスミルクをかける。

ココナッツミルク白玉だんご

ブアローイ
บัวลอย

あたたかいココナッツミルクスープに、
小さなおだんごをいくつも浮かべたかわいいデザート。
やさしい甘みともちもち食感が魅力。

材料　2〜3人分

A　白玉粉 … 100g
　　ココナッツミルク … ¼ カップ
　　水 … ¼ カップ
B　ココナッツミルク … 1 カップ
　　砂糖 … 60g
　　塩 … 小さじ ¼
　　水 … ¼ カップ

MEMO

蒸したかぼちゃ（皮なし）や抹茶パウ
ダーなどを生地にまぜれば、色つきの白
玉だんごに。何色か作って、カラフルに
仕上げてもかわいいです。ほかの食材
を生地に加えたときも、耳たぶくらいの
かたさを目安に水の量で調整して。

作り方

1　ボウルに**A**を入れて、手でこねる。
　耳たぶくらいのかたさになったらま
　とめ、ラップをかけて室温に30分
　おく。約1cm大に丸め、バットなどに
　並べる。

2　鍋に**B**を入れて火にかけ、木べら
　などでまぜる。沸騰したら弱火に
　し、砂糖が完全にとけたら火を止
　める。

3　別の鍋にたっぷりの湯を沸かし、
　1を⅓量ずつゆでる。浮いてきた
　ら網じゃくしなどですくい、湯をしっ
　かりときって、**2**の鍋に加える。残り
　も同様にゆでる。

マンゴーともち米のココナッツソースがけ
カオニャオマムアン
ข้าวเหนียวมะม่วง

やわらかいもち米とジューシーなマンゴー、
ココナッツソースの組み合わせがヤミツキになる、
タイらしいスイーツの代表です。
おはぎやフルーツ大福の感覚で、まずは食べてみて。

マンゴー
まん中にある薄くて大きな種
に沿って手前から奥に向かっ
て包丁をすべらせると、種と
実をきれいに切り離せます。
片面を切り離したら、上下を
返してもう片面も同様に。

材料　作りやすい分量（4皿分）

マンゴー … 2 個

もち米 … 150g

ココナッツミルク … 大さじ 2

A 砂糖 … 80g
　　塩 … 4g
　　水 … 40㎖

B ココナッツミルク … 120㎖
　　塩 … 小さじ ½
　　かたくり粉 … 小さじ ½ 弱

MEMO

もち米をすぐに食べない場合は、**3**でコ
コナッツミルクと合わせるときにサラダ油
大さじ1も加えて。時間がたってもかたく
なりにくいですよ。

作り方

1 もち米はp.61と同様に、炊飯器で炊く。

2 鍋に**A**を入れて火にかけ、木べらなどでまぜな
がらあたためる。砂糖がとけたら火を止めて、コ
コナッツミルクを加えてよくまぜる。

3 ボウルに**1**、**2**を合わせ、しゃもじで全体をまぜ、
ラップをかけて90分おき、なじませる。

4 ココナッツソースを作る。鍋に**B**を入れて火にか
け、煮立たせないように注意しながら木べらなど
でゆっくりとまぜ、とろっとしたら火を止める。

5 マンゴー*はピーラーで皮をむき、種に沿って包
丁を入れ、3枚に分ける。種の部分以外の2枚
を1㎝厚さに切る。

6 **3**をそれぞれ器に盛って**5**をのせ、**4**をかける。

＊マンゴーの実はやわらかいので、ピーラーで手早くむいて。
種の部分の実はそのままかじりつくのがいちばんおいしい！

いちごのもち米サンド
カオニャオストロベリー
ข้าวเหนียวสตรอว์เบอร์รี่

もち米が余ったときやマンゴーが
手に入らなかったらお試しを！

いちごでもアレンジ 👉

材料と作り方　2人分

いちご4個は、下⅓を切って「カオニャ
オマムアン」のもち米を適量ずつはさ
む。なるべく甘くてやわらかめのいちご
が合います。ココナッツソースはなくて
もおいしいので、好みでどうぞ。

バタフライピーのパープルレモネード

ナムアンチャンマナオ
น้ำอัญชันมะนาว

ハーブティーのほか、コスメなどにも使われる青い花 "アンチャン"。
レモン汁を加えて炭酸で割れば、きれいな紫色のレモネードに。

材料　2人分

アンチャン（乾燥。p.79）… 1g
砂糖 … 40g
レモン汁 … 大さじ2
炭酸水 … ¾ カップ
クラッシュアイス … 適量

作り方

1　鍋に水¾カップを沸かし、沸騰したら火を止め、アンチャン
　　を入れて5～6分おく。鮮やかな青い色になったら、砂糖
　　を加えてよくまぜる。あら熱がとれたら、茶こしなどでこす。

2　レモン汁を加え、全体が紫色になるまでよくまぜる。

3　グラスにクラッシュアイスを入れて、2と炭酸水を半量ずつ
　　注いでまぜる。

タイミルクティー

チャーノムタイ
ชานมไทย

こっくりとした濃厚な甘みと独特の香りが特徴のタイミルクティー。
日本では茶葉を手に入れにくいため、
濃いめに煮出したアッサムティーでその味を再現しました。

作り方

1 鍋に水2カップを沸かし、沸騰したらティー
　バッグを入れて3分煮出す。

2 耐熱のグラスそれぞれにコンデンスミルク、
　砂糖を入れて1を注ぎ、よくまぜてから飲む。

材料　2〜3人分

アッサムティー（ティーバッグ）… 3個
コンデンスミルク … 大さじ3
砂糖 … 大さじ2

MEMO　アイスで飲む場合は、クラッシュアイスを
ぎっしり詰めたグラスに注いで。好みで
エバミルクを大さじ1½ずつ加えても。

a クロック
にんにくなど、かたい食材をつぶすとき用のクロックヒン（写真左／石）と、ソムタムなど、軽くたたくときに便利なクロックディン（写真右／土）。

b ソムタムピーラー
刃が波形になっていて、包丁を使うよりも簡単に青パパイヤをせん切りにできる、ソムタム専用ピーラー。にんじんなどにも使えるので、タイ料理以外でも活躍。

c タッピー
絶妙な形状で、お玉としてもフライ返しとしても使える調理器具。しゃもじとしても使いやすいので、屋台はもちろん、一家にひとつは当たり前。

d 弁当箱
スープ、おかず、ごはんを分けられるこのタイプがタイの弁当箱の基本。食器として食卓に並べてもかわいい。ほうろう製のほか、アルミ製も人気。

あればタイ料理作りがより楽しくなる、便利な調理器具やレトロかわいい食器たち。
キッチンにおいておくだけで絵になるので、少しずつ集めてみても。

e にわとり柄の食器

タイ北部発祥の昔ながらの柄。屋台や食堂でよく使われていますが、レトロで素朴な雰囲気にひかれて、お土産に購入する日本人も増えているそう。

f 屋台のプラ食器

リーズナブルでどんなに雑に扱っても割れにくいプラ食器は、タイ屋台の定番中の定番。とても軽いので、タイを訪れたら買って帰るのもあり。

g ほうろう食器

バンコクのレトロブームにのって、おしゃれなレストランなどでも使われるようになったほうろう食器。タイのほうろう製品は海外でも人気です。

h ステンレスのカトラリー

必ずセットで売られているスプーンとフォークや小さいれんげなど、タイの庶民派カトラリーは、意外と使いやすいのも魅力。集めたくなるかわいさ。

味澤ペンシー

タイ料理研究家。タイ南部、ソンクラー県出身。タイの料理専門学校在学中に約2万人が参加したカービングコンテストで2位を獲得。卒業後は有名ホテルなどで料理経験を積み、結婚を機に来日、タイ料理店「ティーヌン」の立ち上げに貢献する。1997年にタイ料理教室を開講後はテレビ、雑誌などでも活躍。『10分で本格タイごはん』（講談社）、『かんたん絶品！タイごはん90レシピ』（主婦の友社）など著書多数。株式会社スパイスロード料理顧問。

撮影	衛藤キヨコ
デザイン	高橋朱里（マルサンカク）
スタイリング	本郷由紀子
調理アシスタント	小林 愛、各務久美子
タイ語監修	原田美穂
構成・取材・文	白石路以（タイフードライター）
編集担当	澤藤さやか（主婦の友社）
協力	（株）スパイスロード
	https://spiceroad.co.jp/

● 本書で使用した調味料が購入できます

ティーヌンマーケットプレイス 楽天市場店
https://www.rakuten.co.jp/tinun/

タイ調味料のほか、著者・味澤ペンシーが監修する本格タイ料理も販売。大人気の「元祖トムヤムラーメン」や「マッサマンカレー」も気軽に取り寄せることができます。

はじめてなのに現地味
おうちタイごはん

2023年8月20日　第1刷発行

著　者	味澤ペンシー
発行者	平野健一
発行所	株式会社 主婦の友社
	〒141-0021
	東京都品川区上大崎3-1-1
	目黒セントラルスクエア
	電話03-5280-7537（内容・
	不良品等のお問い合わせ）
	049-259-1236（販売）
印刷所	大日本印刷株式会社

©Spice Road 2023　Printed in Japan
ISBN978-4-07-455077-7

Ⓡ〈日本複製権センター委託出版物〉
本書を無断で複写複製（電子化を含む）することは、著作権法上の例外を除き、禁じられています。本書をコピーされる場合は、事前に公益社団法人日本複製権センター（JRRC）の許諾を受けてください。また本書を代行業者等の第三者に依頼してスキャンやデジタル化することは、たとえ個人や家庭内での利用であっても一切認められておりません。
JRRC〈 https://jrrc.or.jp　eメール：jrrc_info@jrrc.or.jp　電話:03-6809-1281 〉

■本のご注文は、お近くの書店または主婦の友社コールセンター（電話0120-916-892）まで。
※お問い合わせ受付時間　月〜金（祝日を除く）10:00〜16:00
※個人のお客さまからのよくある質問のご案内
https://shufunotomo.co.jp/faq